Guido Scharrer | Martin Martlreiter | Wolfgang Hammer

Jahreskrippen

Zum 100-jährigen Jubiläum
Bayerischer Krippenfreunde

Herausgegeben vom Verband Bayerischer Krippenfreunde e.V.

Impressum:

Herausgeber: Guido Scharrer, Martin Martlreiter, Wolfgang Hammer
im Auftrag des Verbands Bayerischer Krippenfreunde e.V.
1. Auflage, 2017

Autoren: Guido Scharrer, Martin Martlreiter, Wolfgang Hammer

Mitautoren: Georg Bayerschmidt, Rudolf Daller, Johann Dendorfer, Gudrun Einwich, Jürgen Hennig, Thomas Huber, Franz Karl, Alfred Kotissek, Annette Krauß, Renate Mäder, Franz Nagel, Oswald Neuner, Christine und Raimund Pöllmann, Peter Reus, Christian Schedler, Siegfried Schmeller, Norbert Tuffek

Bilder: Titel:
Auferstehung (Jahreskrippe Füssen)
Geburt Christi (Jahreskrippe Straubing, Karmeliten)
Versuchung Jesu (Jahreskrippe Schwandorf)

Rückseite:
Anbetung der Hirten (Jahreskrippe Abensberg)
Predigt Jesus am See Genezareth (privates Museum mit Jahreskrippen in Gangkofen)
Dornenkrönung Christi (Jahreskrippe Bad Tölz)

Copyright: Verband Bayerischer Krippenfreunde e.V.
www.krippenfreunde-bayern.de

ISBN: 978-3-931578-38-1

Druck: Druckerei und Verlag Beck, Straubing

Bildnachweis:
Bayerische Staatskanzlei (München), 4 – Bayerisches Nationalmuseum (München), 10 (links) – Bischöfliches Sekretariat (Regensburg), 3 – Brandstetter Konrad (Altötting), 64 (oben), 65, 66 (oben und unten rechts) – Einwich Gudrun (Kremmeldorf), 100 (unten), 101, 102 (alle) – Frauenlob Thomas (Berchtesgaden), 23 (links) – Fuchs Werner (Mindelheim), 112 (beide),113, 114 (oben und unten rechts) – Grün Hans (Gößweinstein), 94 (oben) – Hernaut Christian (München), 123, 124 (beide), 125, 126 (alle) – Hien Josef (Ottobrunn), 17 (unten) – Huber Thomas (Regensburg), 12, 15 (links), 37, 44 (oben), 60 (alle), 61, 62 (oben, Mitte und unten rechts), Rückseite (oben) – Kennerknecht Karola (München), 11 – Kotissek Alfred (Bamberg), 80 (Mitte und unten), 81, 82 (alle) – Krauß Annette (München), 50 (rechts), 115, 116, 117 (beide), 118 (beide), 119, 120 (beide), 121, 122 (alle) – Krippenfreund (Verbandszeitschrift), 9 (unten rechts), 10 (rechts), 15 (rechts), 16 (rechts), 17 (oben links und rechts) – Lahm Hermann (Wendelstein), 146 (oben und unten links) – Lentschig Liane (Nördlingen), 29 (oben rechts), 30, 31 – Mäder Renate (Augsburg), 71, 72 (beide), 73, 74 (alle) – Martlreiter Martin (Dingolfing), 5, 23 (unten rechts) – Mayr Alfred (Dingolfing), 56 – Neuner Oswald (Gößweinstein), 36 (unten rechts), 93, 94 (unten beide) – Pöllmann Christine (Schwandorf), Titel (unten links), 36 (oben links), 131, 132 (beide), 133, 134 (alle), 135, 136 (beide), 137, 138 (alle) – Privat, 51 – Reiter Erwin (Haslach), Titel (oben), 32 (beide), 38, 39, 40, 44 (unten), 87, 88, 89 (beide), 90 (alle) – Santa Maria del Rosario a Monte Mario (Rom), 48 – Scharrer Guido (Straubing), Titel (unten rechts), 7, 8, 9 (oben rechts), 13, 14, 16 (links), 18 (beide links), 19 (beide rechts), 20, 21 (Mitte und rechts), 22, 23 (oben rechts), 24 (beide), 28, 29 (unten links), 34, 35 (beide), 42, 43, 49, 50 (beide links), 52, 55, 58, 59, 62 (unten links), 64 (unten), 66 (unten links), 67, 68, 69 (alle), 70 (alle), 79, 80 (oben), 83, 84 (beide), 86 (oben links und rechts), 91, 92 (alle), 95, 96 (beide), 97, 98 (beide), 99, 100 (oben), 103, 104 (beide), 105, 106 (alle), 107, 108 (alle), 109 (beide), 110 (alle), 111, 112 (oben), 113, 114 (unten links), 127, 128 (beide), 129, 130 (alle), 139, 140 (beide), 141 (beide), 142 (alle), Rückseite (Mitte) – Scharrer Theresa (Straubing), 19 (links) – Scharrer Ulli (Straubing), 6, 18 (rechts) – Schmeller Siegfried (Bad Tölz), 33, 46, 75, 76 (beide), 77, 78 (alle), Rückseite (unten) – Suchy Erich (Cham), 85, 86 (unten links und rechts) – Tuffek Norbert (Wendelstein), 143, 144 (beide), 145, 146 (oben und unten rechts) – Ullermann Reinhold (Altötting), 63 – Werdenfelser Krippenfreunde (Garmisch-Partenkirchen), 21 (links)

Geleitwort von Dr. Rudolf Voderholzer
Bischof von Regensburg

Zum 100-jährigen Bestehen des Krippenverbandes Bayern

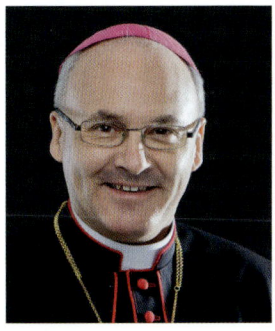

Wir leben in einer Zeit der Bilder. Viele Menschen lesen keine längeren Texte mehr. Im Internet klickt man sich schnell durch die Seiten und lässt die vorbeihuschenden, großformatigen Bilder auf sich einströmen. Jede Publikation wird von Experten daraufhin überprüft, dass die Bilder groß genug und selbstsprechend sind, sodass der Text beinahe nur noch einen Rahmen bilden muss. Selbst die Tageszeitungen haben in den vergangenen Jahren ihr Layout in dieser Richtung deutlich verändert. Mehrere Studien belegen, dass die „Generation Smartphone" Schwierigkeiten hat, aufmerksam einen langen Text zu lesen. Viel zu viele Ablenkungen hält der Bildschirm bereit. Hier ein Pop-up-Fenster wegen einer Whatsapp-Nachricht, da der Hinweis auf eine Eilmeldung einer Zeitung. Natürlich alles sehr bildlastig. Man kann diese Entwicklung bedauern oder sie als Chance begreifen. Die reiche Tradition der Weihnachts- und Jahreskrippen wusste immer schon um die große Chance, die in der Anschaulichkeit und Konkretheit liegt. Inspiriert von der ignatianischen Betrachtungsmethode der „Bereitung des Schauplatzes" hat die Krippentradition überreiche Schätze am Schnittpunkt von Kunst und Volksfrömmigkeit hervorgebracht. Der Glaube an den fleischgewordenen Gottessohn bewirkte geradezu eine „Explosion" des Kunstschaffens und Darstellens des Heiligen.

Das kann man an dem vorliegenden, großartig bebilderten und außerordentlich kompetent verfassten Buch des Bayerischen Krippenverbandes über die Jahreskrippe sehen. Wer lässt sich nicht vom Anblick des leidenden und verzweifelten Herrn im Garten Getsemani ansprechen, wenn er die kunstvoll gestaltete Szene in diesem Buch sieht? Wem bleibt die Dramatik der Heilung des Gelähmten fremd, wenn er sieht, wie dieser – kunstvoll gestaltet – vom Dach abgeseilt wird? Die Jahreskrippen nehmen den Betrachter hinein in das biblische Geschehen. Sie lassen ihn Anteil haben am ursprünglichen Sitz im Leben der biblischen Erzählungen und vermitteln gleichzeitig den Glauben, der ihnen

zugrunde liegt und den sie auch im Heute neu entfachen wollen. Jahreskrippen bilden das Kirchenjahr ab und veranschaulichen es. Das Kirchenjahr wird von den großen Christusfesten wie von zwei großen Zeltpfosten errichtet und getragen. Ostern und Weihnachten sind die beiden Pole, um die herum sich alles ausrichtet und von denen alles abhängt. Die Marien- und Heiligenfeste führen auf ihre jeweilige Art zu den Kernpunkten hin oder falten diese aus. Wer das Kirchenjahr bewusst mit der Kirche mitlebt und mitbetet, der lebt sich hinein in den Leib Christi, der wird selbst Teil des Zeltes Gottes auf Erden.

Dabei können die Jahreskrippen eine große Hilfe sein. Sie veranschaulichen die Inhalte der Sonn- und Feiertagsevangelien oder auch der Lesungen und vermitteln dadurch in besonderer Weise das jeweilige Geheimnis. Deshalb war es mir wichtig, in der „Regensburger Sonntagsbibel", die in diesen Tagen erschienen ist, auch Krippenszenen abzubilden. Denn die Regensburger Sonntagsbibel präsentiert dem Leser für jeden Sonntag aller drei Lesejahre ein Kunstwerk aus dem Bistum Regensburg, das den Inhalt der Lesungen illustriert.

Ich bin der Überzeugung, dass die Jahreskrippe in den kommenden Jahren noch an Bedeutung gewinnen wird. Sie ist eine herausragende Form, den Glauben sichtbar zu machen, und das ist das Gebot der Stunde.

Mein herzlicher Dank gilt allen, die sich der Pflege der verschiedenen, öffentlich zugänglichen Jahreskrippen sehr zeitintensiv widmen. Sie sind vorbildhafte Verkündiger des Glaubens. Ebenso herzlich danke ich dem Bayerischen Krippenverband, der nun seit einhundert Jahren die Krippenfreunde zusammenhält und sie durch den „Krippenfreund" mit Informationen versorgt. Ein besonderer Dank gilt dem Redaktionsteam dieses Buches, Herrn Schriftleiter Guido Scharrer, dem Vorsitzenden des Verbandes H.H. Martin Martlreiter und Herrn Wolfgang Hammer. Sie haben mit enormem Einsatz und vereinten Kräften eine einmalige Publikation auf den Markt gebracht. Ein solches Buch, das sich mehr als zwanzig Jahreskrippen widmet, hat es noch nicht gegeben. Allen 5000 Mitgliedern wünsche ich deshalb eine anregende Lektüre.

Ihr

+ Rudolf Voderholzer

Bischof von Regensburg

Grußwort von Dr. Marcel Huber

Leiter der Bayerischen Staatskanzlei und Staatsminister für Bundesangelegenheiten und Sonderaufgaben

100 Jahre Verband Bayerischer Krippenfreunde

Krippen begleiten mein Leben. Schon als Kind staunte ich über die kunstvoll gefertigten Figurengruppen und die mit viel Liebe ausgearbeiteten Krippenställe und Fantasielandschaften, in denen sie aufgestellt waren. Ich freute mich an den Geschichten, die sie erzählten. Sie waren ein Grund mehr, die Weihnachtszeit voller Ungeduld und mit großer Vorfreude zu erwarten. Schließlich fand ich selbst Gefallen daran, Krippen zu gestalten – eine Leidenschaft, die mich trotz meiner Inanspruchnahme durch den Beruf, mein ehrenamtliches Engagement und die Politik niemals mehr losgelassen hat.

Krippen sind ein dreidimensionales Bilderbuch und ein bewegendes Zeugnis unseres Glaubens. Sie stellen, für jeden begreifbar, das Wunder von Bethlehem sowie die wesentlichen Grundsätze unserer Religion dar und sind zugleich Ausdruck der Freude an bildnerischer Gestaltung und handwerklicher Arbeit. In ihnen treffen sich Offenbarung und Kunst, tiefe Frömmigkeit und sinnlich-ästhetisches Erleben. Sie zeigen kreative Leidenschaft sowie Lust an Farben, Formen, Materialien und am Spiel des Lichts. Krippen sind Objekte, die uns beim Betrachten wie beim Gestalten aus der Welt des Alltags entführen und uns auf wesentliche Aspekte unseres Menschseins zurückführen. Dabei sind sie heute, in einer Zeit, in der unsere Wahrnehmung der Welt mehr und mehr durch Bilder geprägt ist, vielleicht moderner und zeitgemäßer als jemals zuvor.

Ich freue mich sehr, dass der Verband Bayerischer Krippenfreunde es sich zur Aufgabe gemacht hat, diesen besonderen kulturellen Schatz unseres Landes zu bewahren und zu pflegen. Dem Verband gratuliere ich herzlich zu seinem 100-jährigen Bestehen und danke ihm für sein Engagement im Dienst unseres religiösen Brauchtums. Bei der weiteren Arbeit begleiten ihn meine besten Wünsche.

Ihr

[Unterschrift]

Leiter der Bayerischen Staatskanzlei und Staatsminister für Bundesangelegenheiten und Sonderaufgaben

Vorwort von Martin Martlreiter

Stadtpfarrer und Präsident des Verbands Bayerischer Krippenfreunde

Gloria in excelsis Deo!

Die Krippe hatte in ihrer langen Geschichte Höhen und Tiefen durchlebt. Viel geliebt und geschätzt von den einen, wurde sie von den anderen despektierlich abgelehnt und verachtet. Trotzdem haben die großen Entwicklungslinien, angefangen bei den neapolitanischen Krippen über die Jesuitenkrippen bis hin zu den orientalischen Krippen, ihre Spuren im Denken und Fühlen der Menschen hinterlassen.
Die Verbandsstruktur der Tiroler Krippler wurzelt im 19. Jahrhundert. Mit dem ältesten Krippenverein Wenns im Pilztal, der 1860 gegründet wurde, hatten die Tiroler eine Vorreiterrolle. Zuerst existierten die Ortsgruppen. Dann folgte die Gründung des Landesverbandes im Jahre 1909. Bei den Bayerischen Krippenfreunden verlief der Weg umgekehrt. Am 4. Februar 1917 gründete der Hochwanger Pfarrer Alois Burger mit seinen Freunden den Landesverband. Es war ein denkwürdiges Jahr. Das Schicksalsjahr der europäischen Staaten, das Jahr der Erscheinungen in Fatima und schließlich auch das Todesjahr des großen Krippenmäzens Max Schmederer. All diese Ereignisse haben mitgewirkt und standen bewusst/unbewusst Pate an der Wiege des Bayerischen Landesverbandes. Der Krippenvirus wurde dabei stark von den Tiroler übertragen. Nicht zufällig heißt es in der ersten Satzung: Der Verein steht in freundschaftlicher Beziehung zu dem Tiroler „Verein der Krippenfreunde" und zu anderen nahestehenden Vereinen.

Auf die Gründung des Landesverbandes folgten erstaunlich schnell viele Ortsvereine (Günzburg, Weißenhorn, Aschaffenburg, Altötting, Traunstein, Bamberg, Augsburg, Deggendorf usw.). Der Impuls einer verbandlichen Organisation trug reiche Frucht. Unzählige Krippenschnitzer und eine weit verbreitete Krippenindustrie sorgten für die wachsende Nachfrage der vielen Krippenfreunde. Kirchenkrippen entstanden landauf und landab. In vielen Familien zählten die Krippen zu den weihnachtlichen Begleitern. Es kann von einer Hochkonjunktur des Krippenbaus gesprochen werden.

Die vom Nationalsozialismus verordnete Winterstarre beendete das Erscheinen der Verbandszeitschrift. Doch schon nach Ende des Zweiten Weltkrieges drängte die Freude an den Krippen in das öffentliche Leben. Mit dem Wiedererscheinen des Krippenfreundes 1946 brach ein neuer Krippenfrühling an. Es ging um die Wertschätzung und Förderung anspruchsvollen Krippenbaus. In unzähligen Veröffentlichungen wurden das geistliche und historische Wissen vertieft und ausgebreitet. Referate mit Diashows waren neue Medien zur Verbreitung der Krippenidee. Die Ortsvereine mühten und mühen sich ständig um neue, vor allem junge Mitglieder. Krippenbauschulen, Krippenmuseen, Wallfahrten und Landestagungen bereichern den Jahreslauf der Krippler. Die Initiativen sind von einer Fülle und Breitenwirkung, dass sie nicht umfassend aufgezählt werden können.

Diese Jubiläumsausgabe will einerseits stolz auf das zurückliegende Jahrhundert blicken, aber zugleich mit dem Thema Jahreskrippen zu weiteren Impulsen ermutigen. Jahreskrippen wollen dabei nicht re-staurieren, sondern vielmehr unsere Wahrnehmung schärfen: „In der Imagination" das Wesen erfassen, „in der Tradition" die Sehnsucht erkennen, „in aller Schönheit und Treue" zum Leben ermutigen. Danken will ich besonders den beiden Autoren Guido Scharrer und Wolfgang Hammer zusammen mit allen Koautoren, die mit Akribie und Hingabe dieses schöne Krippenbuch erstellten, dem ich eine begeisterte Resonanz in der Welt der Krippenfreunde wünsche.
Alle Frommen sollen das Heil schauen, alle Suchenden ihre Erfüllung finden und alle Mutlosen sich irgendwo in den Krippen entdecken.
Am Tag Mariä Geburt im Jahr des Heiles 2017

Ihr

Martin J. Martlreiter, Pfr.

Stadtpfarrer und Präsident des Verbands Bayerischer Krippenfreunde

Einstimmung und Dank von Guido Scharrer

Schriftleiter des Verbands Bayerischer Krippenfreunde

Was soll man den Mitgliedern zum 100-jährigen Verbandsjubiläum bieten? Neben den Feierlichkeiten etwas Besonderes: für jeden ein Geschenk, das sich an der Zukunft der Krippenkultur orientiert.

Der Schriftleiter schlug ein Krippenbuch zu einer Thematik vor, zu der bisher nur Monographien oder wenige Zeilen in Handbüchern veröffentlicht wurden: die Jahreskrippen. Das Thema sollte grundsätzlich aus verschiedenen Perspektiven erfasst und mit recht unterschiedlichen Einzelbeispielen illustriert werden. Und als erweiterte Einleitung sollte außerdem über die Entwicklung des Verbands informiert werden, kurz auch über seine Ortsvereine. Die Realisierung benötigte fast drei Jahre.

Das Buch will spezielle Ziele anstreben: für Jahreskrippen sensibilisieren, zu deren Bau und Betreuung aktivieren, zum Besuch motivieren. Die neuartige Publikation könnte aber auch die allgemeine Aufmerksamkeit intensiver auf den Verband Bayerischer Krippenfreude als führende Kraft in der bayerischen Krippenkultur lenken und den Buchmarkt bereichern. Und sie kann auch nicht nur zu Weihnachten als Geschenk dienen, sondern das ganze Jahr über.

Insgesamt bemühten wir uns um eine zeitgemäße, lebendige, ansprechende und vor allem bildreiche Gestaltung. Die Texte zu den einzelnen Jahreskrippen – mit einem werbenden Vorspann zum Ort – sollten fachkundig und informativ sein, letztlich aber nicht dominieren. Wir vertrauten besonders auf die Ausstrahlung der Fotos. In unserer Medienwelt beherrscht das Bild!

Nach welchen Kriterien wurden die Beispiele für die Jahreskrippen ausgewählt? Das war schwierig und löste viele Überlegungen und Bemühungen aus. Mancher Leser wird bestimmte Jahreskrippen vermissen oder sich fragen, warum wir uns gerade für diese und nicht eine andere entschieden haben. Als Leitlinie für das Konzept galt: Es sollten Jahreskrippen aus mehreren Jahrhunderten und aus verschiedenen Regionen Bayerns vorgestellt werden: orientalische und heimatliche, künstlerische und volkstümliche, prachtvolle und ein-

fache. Man konnte sich nur auf eine kleine Anzahl beschränken, immerhin 22. Aber jede dieser Jahreskrippen ist für sich wertvoll und einmalig, scheint mit viel Freude und Zuneigung aufgestellt, verkündet eine Botschaft. Dazu gehört auch, dass man je nach Betreuer durchaus unterschiedliche Aspekte entdecken kann.

Ganz herzlich muss ich meinen zwei Redaktionskollegen danken: dem Verbandspräsidenten Martin Martlreiter, der die Idee sofort tatkräftig unterstützt hat, und meinem Freund Wolfgang Hammer, den ich als vielseitigen Autor und Krippenfreund sehr schätze. Besonderer Dank gebührt auch den vielen Mitautoren, Fotografen und Helfern, ohne die dieses Buch nicht möglich gewesen wäre. Alle arbeiteten ehrenamtlich oder überließen Fotos kostenlos. Auf keinen Fall vergessen darf man den Straubinger Verlag Beck, besonders Inhaber Hans Grüneisl und Mitarbeiter Robert Fischer, die sich äußert zuvorkommend und fachkundig engagierten. Und für ständigen Rat und wertvolle Hilfe ein besonderes Kompliment an meine Frau Theresa.

Die Publikation müssen die Leser beurteilen. Aber wir dürfen uns wünschen: Die Jahreskrippen sollen als aktuelles, zukunftsorientiertes Anliegen betrachtet werden, ein Thema von vielen, aber ein wichtiges für die Krippenfreunde.

Ihr

Guido S.

Schriftleiter

Inhalt

Einzelne Jahreskrippen aus ganz Bayern

Türsteher mit „Friedenstauben" (Jahreskrippe Mindelheim)

Guido Scharrer

Werden und Wachsen, Werte und Wandel

100 Jahre Verband Bayerischer Krippenfreunde: Anmerkungen und Analysen

Die Zahl 100 besitzt vielfach eine besondere Bedeutung. Nicht selten mag sie rätselhaft oder kompliziert erscheinen. Oft entfaltet sie symbolisch einen tieferen Sinn, wie er sich auch in der Bibel offenbart. Auf die Krippe und den Krippenverband bezogen könnte man da nennen: 100 als Sinnbild der Freude, des Jubels und der Fülle, als Zeichen für Christus (und die Geburt eines Sohnes), für Zusammengehörigkeit von Gott und den Menschen der ganzen Erde, für Vollständigkeit und Vollkommenheit. Manchen dieser hehren Ziele versuchen auch die Krippenfreunde nachzustreben, besonders in den Ortsverbänden und im Verband, der heuer sein 100-jähriges Jubiläum feiert.

„Gebt uns die Krippe wieder!" forderte die erste Nummer der Verbandszeitschrift. Die Krippe soll „dem tiefempfundenen Glaubensleben einen sichtbaren Ausdruck" verleihen, sei „das Vorbild jeder christlichen Familie", wird als „Quelle reinster, heiliger Freude" gewertet und fördere die „Pflege der Kunst".

Pfarrer Geistlicher Rat Alois Burger, Gründer und erster Vorsitzender

schriften ihre lebhafte Freude über das Bestehen des Vereins bekundet. Auf allerlei Weise suchte eine Reihe von Mitgliedern dem Zweck und dem Wachstum des Vereins zu dienen." Mit Blick auf die Zukunft wird betont: „Manche Anzeichen lassen erkennen, daß die Aussichten für den bayer. Krippenverein gut sind. Allenthalben macht sich in neuerer Zeit größeres Interesse für die Weihnachtskrippe bemerkbar. [...] Künstler widmen mehr und mehr der Krippe ihr Können."

Erhaltung, Förderung und Fortentwicklung

Die erste Satzung, genehmigt am 17. Februar 1917 und aktualisiert veröffentlicht im Juli-Heft 1919, nannte als Hauptzweck „die Erhaltung, Förderung und Fortentwicklung der Weihnachtskrippen in Bayern sowie der religiösen Krippenkunst." Im Einzelnen wird angefügt: „Besuch der zur Weihnachtszeit aufgestellten Krippen, freundschaftlicher Verkehr der Krippenfreunde untereinander, Verbreitung der Weihnachtskrippen in den Familien, Einführung in den Geist und in die Bedeutung der Krippe, religiöse Auswertung derselben, Bewahrung von Krippen vor dem Untergang, Herstellung neuer Krippen, Sammeln von Bildern und Schriften, die sich auf die Krippe beziehen, Herausgabe einer zwanglos erscheinenden Vereinsschrift, Vermittlung von Kaufs- und Verkaufsangelegenheiten, Abhaltung von Krippenfeiern und andere zweckdienliche Veranstaltungen." Bereits zur zweiten Mitgliederversammlung im März

Günzburg, 5. Febr. Auf Einladung des H. H. Pfarrers Burger-Hochwang fanden sich gestern nachmittags im „Traubensaale" Krippenfreunde von hier und aus der Umgebung ein, die nach einem den hohen Wert der Weihnachts-Krippe nach verschiedenen Seiten erklärenden Vortrage des Einberufers einstimmig die Gründung eines „Vereins bayerischer Krippenfreunde" beschlossen. ...

Aus dem Günz- und Mindel-Boten vom 5. Februar 1917

Nach dem Muster der Tiroler Krippenfreunde, die sich 1909 zu einem Landesverband zusammengeschlossen hatten, gründete am 4. Februar 1917 der Hochwanger Pfarrer Alois Burger den „Verein bayerischer Krip-

penfreunde" in Günzburg. Noch im gleichen Jahr bildeten sich die ersten Ortsvereine, und es trat „eine stattliche Anzahl von Mitgliedern aus Schwaben, Oberbayern, Niederbayern, Unterfranken" bei. Zur ersten Mitgliederversammlung des „Verbands" am 9. Dezember berichtete das Protokoll: „Die Übersicht über den Mitgliederstand zeigt, daß Personen aus den verschiedensten Ständen dem Vereine sich angeschlossen haben. Viele Mitglieder haben in Zu-

Der bayer. Krippenfreund

Mitteilungen des Vereins bayer. Krippenfreunde

Nr. 1.   Juli   1917.

Inhalt: Gebt uns die Krippe wieder! — Krippenschau. — An die verehrl. Vereinsmitglieder. — Aus dem Vereinsarchiv. — Uebersicht über den Mitgliederstand.

Titel der ersten Nummer der Zeitschrift

◀ Flucht nach Ägypten (privates Museum eines Verbandsmitglieds)

Krippe um 1910/1915 von Sebastian Osterrieder im Bayerischen Nationalmuseum München

1919 wurde „reges Leben im Verein" bestätigt und von „wackeren Entschlüssen für die Weiterarbeit" gesprochen. Über 500 Mitglieder hatten sich inzwischen angeschlossen, auch aus anderen Regionen Süddeutschlands, vereinzelt sogar aus Norddeutschland und dem Ausland.

Die Gründung des bayerischen Krippenverbands erfolgte im Ersten Weltkrieg, in der „Urkatastrophe" des 20. Jahrhunderts. 1917 gilt als Epochenjahr. Vor allem durch den uneingeschränkten U-Boot-Krieg, den Kriegseintritt der USA und die russische Oktoberrevolution verschärfte sich die internationale Lage. In Deutschland war die Kriegsbegeisterung längst einer Kriegsmüdigkeit gewichen, alle Bereiche von Politik, Wirtschaft, Gesellschaft und Kultur waren durch den Krieg geprägt. Eine „Hunger- und Erschöpfungsrevolte" deutete sich an. Sucht man in existenziellen Krisenzeiten nicht verstärkt Zuflucht, Hilfe und Hoffnung in der Religion, in der Innerlichkeit, in gefühlvollen Werten? „Merkwürdig, daß gerade während der schweren Kriegszeit die Krippenbewegung so gute Fortschritte macht", fragte sich auch der Münchner Kapuzinerpater Pater Odorich Heinz, der später der Krippenpatriarch genannt wird: „Ein wirksames Friedensbild, ein ergiebiger Friedensquell ist fürwahr die Weihnachtskrippe inmitten aller Kriegesschrecken." Allgemeine Tendenzen und natürlich auch spezielle Ereignisse – wie der Tod des Münchner Krippenpioniers Max Schmederer, „Sammler, Stifter, Visionär" – dürften neben dem Engagement von Alois Burger und vielen Gleichgesinnten die Gründung des bayerischen Verbands stark beeinflusst haben.

Der Verband litt unter den immensen Folgelasten des Krieges, war indirekt mit den vielfältigen Problemen des Übergangs von der konstitutionellen Monarchie zur parlamentarisch-repräsentativen Demokratie und Republik sowie bürgerkriegsähnlichen Aufständen konfrontiert und im Krisenjahr 1923 vor allem mit der immensen Inflation. Allgemein herrschte ein politisches und wirtschaftliches Chaos. Trotzdem oder gerade deswegen stieg die Zahl der Mitglieder rapide an. Anfangs 1920 waren es 684, ein Jahr später schon 1000, was sich bis 1923 verdoppelt hatte. Mit 2360 Mitgliedern war zunächst 1926 der Höhepunkt erreicht (der erst im Jahre 1967 (!) mit 2285 Personen fast wieder registriert werden konnte). Die „Goldenen Zwanziger Jahre" von 1924 bis 1930 hatten sich letztlich als Scheinblüte erwiesen. In der Verbandszeitschrift heißt es Ende 1926: „Der Bericht des Schriftführers spiegelte einigermaßen die wirtschaftliche Lage unseres Vaterlandes wider. So konnte er leider nicht von einem zahlenmäßigen Wachstum des Vereins berichten, die Zahl hat vielmehr ein wenig abgenommen, obwohl der Aufschwung des Krippengedankens besonders in den Städten eine erfreuliche Tatsache ist." Ausgelöst von der Weltwirtschaftskrise Ende 1929 und vielfältigen innenpolitischen Gründen trudelte man immer mehr auf das Scheitern der Weimarer Republik zu.

Zusammenschluss zum „Kartellverband deutscher Krippenfreude"

Der Verband – damals noch Verein genannt – versuchte sich aber zu behaup-

Mehrfach neues Titelmotiv der Verbandszeitschrift

ten und noch bekannter und effektiver zu werden. Neben vielfachen Vereinsaufgaben sorgten manche Mitglieder schon um 1922 für Krippen-Aufsätze in mehreren Zeitschriften, auch wenn das Papier recht knapp war. Da „auf der jetzigen Basis eine Weiterentwicklung des Vereins nicht möglich sei", wurde auf der Generalversammlung Ende 1924 fast einstimmig beschlossen, dass „der Zusammenschluß der bestehenden Vereine von Krippenfreunden deutscher Zunge zu einem Verband, in welchem jeder Verein seinen Namen und seine Eigenart beibehalten könne, in die Wege geleitet" werde. Etwa ein Jahr später hatten vier Vereine zugestimmt: aus dem Rheinland, aus Westfalen, aus Köln und aus Zwittau (Mähren). Schließlich wurde Ende 1927 angeregt, dass die beiden großen Vereinigungen – die rheinisch-westfälische Landesgemeinschaft und der Verein deutscher Krippenfreunde – eine Art Kartell bilden und zunächst jeweils „die literarischen Erscheinungen der anderen anzeigen und ihren Mitgliedern bezw Ortsgruppen den Bezug derselben nahelegen". Die Landesgemeinschaft mit Sitz in Köln hatte bisher drei Jahrbücher „Die Weihnachtskrippe" herausgegeben, die als Publikation bis 2001 erschien. Die Zustimmung zum „Kartellverband deutscher Krippenfreunde" erfolgte am 29. November 1931 in Passau und am 10. Januar 1932 in Unna (Westfalen) und dauerte bis 1939. Als Grund und Ziel wurden betont: „Nicht zuletzt aus der Erkenntnis heraus, daß die Gottlosenbewegung mit ihrem Haß auch gegen das lieblichste Geheimnis der christlichen Religion und das Weihnachtsfest anstürmt, ist in den Krippenfreunden der Gedanke gereift, sich gegen diese zerrüttenden Mächte zu einem starken Bollwerk zusammenzuschließen und dahinzuarbeiten, daß in jede Familie als sichtbares Credo wieder eine Darstellung des Weihnachtsmysteriums hineinkomme." Die beiden Vereine wollten ihre Selbständigkeit wahren, ihre „Veröffentlichungen und literarischen Gaben" aber gemeinsam herausgeben und den Mitgliedern zukommen lassen. Zum Ersten Vorsitzenden des Kartellverbandes wurde der Münchner Prälat Dr. Michael Hartig, damals erster Vorsitzender in Bayern, gewählt.

Als andere Ereignisse in diesen schwierigen wirtschaftlichen und politischen Zeiten stachen in Bayern hervor: Ende 1927 die Klage über die Erschwerung weiterer Fortschritte und dazu die Feststellung: „Die 25 Ortsgruppen entfalten zum großen Teil eine erfreuliche Tätigkeit, andere freilich zeigen wenig Leben." Oder: Ende 1929 wurde ein Wettbewerb ausgeschrieben, um gute Krippendarstellungen in der Zeitschrift veröffentlichen zu können. 253 Fotos – für damals eine erstaunlich große Resonanz – wurden von 95 Einsendern geschickt.

Den ersten von acht Preisen gewann der Arzt Otto Ellenrieder (Hauzenberg), der „Kripperldoktor" der Bayerwaldkrippe, zwölf weitere Mitglieder erhielten Belobigungen.

Unter dem Zeichen des Senfkorns

Die Verbandsphase von 1917 bis 1933 gliederte Pfarrer Johann Freitag aus der Rückschau beim 50. Jubiläum 1967 in zwei Teile. „Der erste Abschnitt unseres Vereins, die Gründung, stand unter dem Zeichen von Bethlehem." Er würdigte den einfachen, bescheidenen, kindlich gläubigen Dorfpfarrer Alois Burger, einen „wackeren Schwaben", nannte den Kunstmaler Theodor Gämmerler und den Krippenpatriarchen Pater Odorich, den erzbischöflichen Archivar und Prälaten Michael Hartig (alle München) und betonte: „Das ist doch wirklich ein Fingerzeig von oben, so etwas von der göttlichen Vorsehung, daß von dem, das der arme Pfarrer da drüben im Schwäbischen und was der reiche Kommerzienrat in München gründet, daß die beiden Dinge nun zusammenwuchsen und daß daraus eine Krippenbewegung wurde." Den zweiten Abschnitt wertete Freitag wie das Gleichnis „unter dem Zeichen des Senfkorns".

Krippenkünstler Otto Zehentbauer in seiner Werkstatt

Für das kleinste unter allen Samenkörnern „fing das Wachsen zuerst in München an". Zu bisherigen Verbandsgrößen kamen nun der Kunsthistoriker Georg Hager (München), der Geistliche Tiberius Burger (Wiesent), der Hotelier und Kunstkenner Karl Otto Schimpf (Offenbach), bekannt als KOSO, und Studienprofessor Rudolf Hertinger (Amberg). Weitere Künstler wie Sebastian Osterrieder, Philipp Schumacher, Otto Zehentbauer und Wilhelm Lessig (alle München) prägten die Verbandsgeschichte mit. Blumig wurde betont: „Ja, im Jahre 1932 wurde der ‚Kartellverband Deutscher Krippenfreunde‘ geschlossen und da war die Krippe und der Krippenverein wirklich ein Baum geworden, so daß die Vögel des bayerischen, fränkischen, schwäbischen und rheinländisch-westfälischen Himmels, des ganzen deutschen Himmels, kamen und in seinen Zweigen wohnten."

Allgemein war diese Idylle höchstens ein Traum, die Realität war von düsteren Dingen geprägt, noch vor dem NS-Regime. Mit der sogenannten Machtergreifung Hitlers und der Gleichschaltung war dann nach gut eineinhalb Jahren im August 1934 das totalitäre System fast erreicht. Die katholische und noch mehr die evangelische Kirche glaubten zunächst an ein Arrangement mit den Nationalsozialisten, spürten dann aber immer mehr die Absicht der Ausrottung mit „Stumpf und Stiel", hin zu einem völkisch-germanisierten Neuheidentum, basierend auf der rassistischen Ideologie von „Blut und Boden". Das zeigte sich besonders im religiösen Volksbrauchtum. Weihnachten wurde als Fest der Sonnenwende oder allgemeinen Mutterschaft propagiert, der Christbaum als Julbaum oder Weltesche, die Krippe als Märchengarten oder Haus der Frau Holle, die zur „Lebensmutter" oder Liebesgöttin Freya stilisiert wurde. Es gab auch manchmal riesige Weihnachtspyramiden mit einer Tiermenagerie oder marschierenden SA- und HJ-Abteilungen.

Noch Ende 1933 hatte man in der Verbandszeitschrift lesen können: „Alle Krippenvereine, aber auch alle Ortsgruppen sind von der deutschen Bischofskonferenz in die Liste der Vereine aufgenommen worden, welche nach dem Konkordat (Abs. 31) den Schutz des Staates genießen, aber ganz der Leitung der Kirche unterstellt sind, in deren Betrieb sich also der Staat nicht einmischen wird. Unsere Vereine stehen unter A 1 d 4, also ist jeder Versuch einer Gleichschaltung überall unter Hinweis auf dieses Vereinsregister hinfällig." Das massive Reagieren des NS-Systems gegen Christliches „begann langsam und versteckt erst später – und das war keine Kunst, wenn man den Monopolbrief der Gewalt in den blutigen Händen hatte – mit brutaler Offenheit". Es schien den NS-Funktionären auch nicht lohnend, gleich gegen so etwas „Einfältiges" wie die Krippe einzuschreiten. Zudem sah man in manchen Krippen marschierende SA-Einheiten oder Soldaten mit Panzern, den Reichspräsidenten Hindenburg oder den Führer und Reichskanzler Adolf Hitler. Vereinzelt wehrten sich Krippenfreunde aktiv dagegen. Als beispielsweise 1935 ein Theologiestudent in einer saarländischen Kirche die Hitlerfigur aus der Krippe entfernte und dem Pfarrer übergeben wollte, wurde er wegen eines Vergehens gegen das »Gesetz gegen heimtückische Angriffe auf Staat und Partei« zu zwei Monaten Gefängnis verurteilt.

Abtrünnige und Widerstandskräftige in der NS-Zeit

Auffällig wirkt, dass 1937 in mehreren Artikeln über die Krippenverbote in der Aufklärung berichtet wurde und wohl parabelhaft oder prophetisch der Nationalsozialismus gemeint war. „Von Jahr zu Jahr schnürten die nazistischen Verbote das Vereinsleben mehr ein." Schließlich musste im Spätsommer 1939

Weihnachtskrippe von Theodor Gämmerler 1929

Mittelschwäbische Landschaftskrippe, Figuren meist zweite Hälfte 19. Jahrhundert ▶

die Verbandszeitschrift mit Nr. 101 ihr Erscheinen einstellen, sie wurde „abgewürgt". Zu 1942 berichtete der Vorsitzende: „Die immer einschneidender werdenden Verordnungen und die furchtbaren Kriegsereignisse machten die Vereinstätigkeit an vielen Orten, vor allem auch in München, unmöglich."

Die Reaktionen der Krippenfreunde müssen recht unterschiedlich gewesen sein. „Manch ein einst geschickter und begnadeter Krippenbauer wurde lau, uninteressiert, entdeckte plötzlich, daß er keine Zeit zum Aufrichten mehr habe, und ließ die Krippe eben Krippe sein. [...] Abtrünnige zeigten sich aber auch unter den Künstlern. Manche, die sich früher auf religiöse Malerei und Skulptur spezialisiert hatten, wollten davon nichts mehr wissen und verschrieben sich unter allerlei fadenscheinigen Vorwänden dem noch einzig im Kurs stehenden Profanen. Auch sonst nahm die Interesselosigkeit, mochte sie oft auch nur vorgetäuscht sein, mit wachsendem Parteidruck zu. Das war wohl auch die Ursache, warum bei vielen bekannten Krippen, die sonst von Hunderten bestaunt wurden, der Zustrom versiegte", schrieb der Kunstkenner KOSO und fügte hinzu, dass „einige Feiglinge" die Zeitschrift abbestellten. Die Mitgliedszahl sank im Verband von 1664 im Jahr 1933 auf 1268 im Jahr 1942, also um fast ein Viertel. Gründe dafür gab es mehrere, aber vor allem stellte

Heilige Familie vor zerstörter Kirche und Flüchtlingsströme beim Kriegsende 1945 (Foto 2014)

sich die Frage: Wollten nicht wenige Mitglieder Rückschlüsse auf eine „falsche" politische Haltung vermeiden oder sich zumindest vermeintlich dem NS-Regime anpassen?

Zahlreiche Krippenfreunde haben aber „offen und notgedrungen versteckt das Krippenbanner weitergetragen, auf ihre eigene Art", auch als sich 1938 das NS-Regime noch mehr radikalisierte und systematischen Terror gegen Andersdenkende praktizierte. Man stellte immer noch die alten Hauskrippen auf, unterlief Schikanen und Verbote, machte gleichsam im Untergrund manchmal bis 1944 weiter oder tarnte Versammlungen etwa als Wanderungen. Es fanden einige Krippenausstellungen noch gegen Ende der 30er Jahre statt. Auch nach dem „heuchlerischen Erdrosselungserlaß" zur Verbandszeitschrift „riß die Verbindung mit der Schriftleitung niemals ab; Ortsgruppen [...] und zahlreiche Einzelmitglieder aller deutschen Gaue berichteten fleißig über ihr Planen und Schaffen, ihre Schwierigkeiten und Erfolge". Offiziell war die Vereinstätigkeit längst eingestellt, der Verband und seine Ortsgruppen waren de facto verboten, zumindest seit 1942.

Zerstörung und Überleben der Krippen

„Trotz planmäßiger Niederknebelung aller religiösen Werte, trotz diabolischen Spottes über jedes offene Bekenntnis der Gläubigkeit, trotz grauenhafter Wüsteneien und unabsehbarer Trümmerfelder lebte in den Kriegsjahren die Krippe weiter, und wenn es auch oft genug nur ein Katakombenleben sein mußte", heißt es in der ersten Zeitschriftennummer nach dem Krieg. Aber: „Viele Krippenfreunde sahen blutenden Herzens ihren heimlichsten und heiligsten Schatz, ihre Krippe, aufgehen im zehrenden Bombenfeuer! Und dennoch: Eins ging nicht unter und starb nicht dahin, die Liebe zur Krippe!", formulierte Pfarrer Freitag. Zahlreiche Krippen waren vor allem in den Bombenangriffen auf größere Städte zerstört worden, manche wurden geplündert. Auch wertvolle Akten, Bücher, Fotos, Bildserien und Filme blieben verschollen. „Vorerst unersetzlich waren die Verluste, doch der Großteil der Krippen überstand das Inferno."

Rückblickend sah Pfarrer Freitag die Jahre 1942 bis 1945 unter dem Zeichen des Sees Genezareth als dritten Abschnitt in der Verbandsgeschichte: Wie biblisch der große Sturm alles zu vernichten drohte, fegte „die braune Sturmflut" „alle Zeitschriften hinweg, verbot alle Vereine und Versammlungen. [...] Und es erhob sich noch ein großer Sturm, der Feuersturm des Bombenhagels. Und viele, gar viele Krippen gingen zugrunde, so daß wirklich alles endgültig zu versinken drohte und wirklich viel versunken ist."

Neuanfang wieder in schwierigsten Zeiten

Am 4. Juni 1946 wurde – auf Antrag des Verbandsvorsitzenden – von der Amerikanischen Militärregierung in München die Weiterführung des Gesamtvereins genehmigt. Den Ortsgruppen wurde empfohlen, dies den zuständigen Stellen mitzuteilen. Nun wurde „mit allen Kräften und allen Widerständen zum Trotz am Wiederaufbau" des Verbands gearbeitet. Der Vorsitzende Dr. Michael Hartig wertet die Situation der Krippenfreunde im Dezember 1945 so: „Sehr viele Krippenfreunde sind in Not, viele in große Not gekommen. Die Bomben haben so viel Krippengut vernichtet und der Krippenraum ist vielfach ganz klein geworden. Die allerwenigsten können sich heute eine Prunkkrippe leisten. Der Krippenbauer wird vielmehr gezwungen einen Ausweg zu suchen und zu begehen. Er ist zufriedener geworden und bescheidener und freut sich mehr über das Notdürftige und Mühevolle als über den Glanz und Überfluß früherer Zeit. Auch in dieser harten Lage will der ,Krippenfreund' wieder Wegwei-

Mitteilungen des Vereins bayerischer Krippenfreunde
Schriftleitung: Stadtpfarrer Johann Freitag, Nürnberg, Tauroggenstraße 27
Military Government Information Control License Number US—E—158

Nr. 102   Dezember   1946

Erste Nummer der Verbandszeitschrift nach dem nationalsozialistischen Regime

Prominente Krippenfreunde im Jahr 1951:
Obere Reihe (von links): Benefiziat Hans Schäfer, Landesvorsitzender Pfarrer Johann Freitag, Bildhauer Anton Schauer. - Untere Reihe: Kunstkritiker Karl Otto Schimpf, Bildhauer Theodor Gämmerler, Bildhauer Otto Zehentbauer, Bildhauer Wilhelm Lessig, stehend Konservator Dr. Wilhelm Döderlein

ser und Mithelfer werden." Ziel müsse sein: „Die Krippe hinein in jede Kirche, in jedes Haus, in jede Familie, damit allen die Herrlichkeit der Krippe sich offenbare und so allen der Friede von Bethlehem zuteil werde." Auf Anregung von Verbandsgründer Alois Burger wurde das Bayerische Ministerium für Unterricht und Kultus ausführlich begründet gebeten, in den neuen Lesebüchern auch Texte über die Krippe aufzunehmen. Dies wurde erfüllt.

Schon 1945 hatte Füssen mit der Vereinstätigkeit begonnen, weitere Vereine waren bald gefolgt. Um nicht an NS-Ausdrücke anzuknüpfen, wurde schließlich die Bezeichnung „Ortsgruppe" durch „Ortsverein" ersetzt. Nach über zehn Jahren Unterbrechung (seit November 1937) fand die erste Mitgliederversammlung nach dem Krieg im März 1948 wieder in München statt. Markante Ergebnisse wurden von einem Arbeitskreis berichtet: „die Gründung der Sammelstelle von Krippengut für Bombengeschädigte und Flüchtlinge [die bis in die späten 60er Jahre tätig war]; das Wiedererscheinen unseres sehnlichst erwarteten ,Krippenfreund' mit altem Geist in neuem Gewand; die Eröffnung der

Krippenschau mit den Beständen der Schmederersammlung im Bayerischen Nationalmuseum; die Silberjubiläen mehrerer Ortsgruppen". Auch die Krippenfreunde, die ihre Heimat verlassen mussten, wollte man integrieren, um „das alte Krippenfeuer in ihnen hochzuhalten". 1954 lag die Mitgliedszahl allerdings erst geringfügig über dem Stand von 1942, 1957 betrug sie 1514.

1957 – der Verband feierte seinen 40. Geburtstag – gilt als kein durchschnittliches Jahr: Mit dem Sputnik begann das Zeitalter der Raumfahrt, der „Kalte Krieg" der Supermächte UdSSR und der USA verschärfte sich, die Europäische Wirtschaftsgemeinschaft wurde gegründet und das Wirtschaftswunder deutete sich an. Der Schriftleiter der Verbandszeitschrift zeichnete ein düsteres Bild: „Die heutige Zeit trägt ein Gesicht, das unseren Idealen keinen freundlichen Blick zu gönnen scheint. Materialismus und Mechanismus, Eigensucht und Verfallenheit an den Lebensgenuß, Entchristlichung des öffentlichen und Zermürbung des familiären Lebens, Entwertung der Innerlichkeit, der Besinnlichkeit, der Gemütswerte insgesamt, das ist kein Nährboden für unsere Krippenarbeit." Dann aber fügte er deutlich hinzu: „Und doch dürfen wir nach dem Willen unseres Krippenvaters, der seinen Verein mitten in den Unsicherheiten des ersten Weltkrieges gründete, nicht einer verdrießlichen Resignation anheimfallen! Krippenfreunde [...] leben aus dem Bewußtsein: Christus vincit."

Kleines Handbuch des Verbands aus dem Jahr 1967

Krisen und Veränderungen der Krippenkultur

Nach den Neuerungen des Zweiten Vatikanischen Konzils (1962-1965) befürchteten allerdings nicht wenige Krippenfreunde ziemlich ungünstige Wirkungen auf die Krippe. Die Väter des Konzils wollten zurück zu den christlichen Wurzeln. Die Liturgie sollte nicht mit Nebensächlichkeiten das Wesentliche überdecken, Mittelpunkt sollten das Osterfest und das Leben Jesu Christi sein.

Manche Krippenfreunde sprachen – nicht zu Unrecht – von einem „Krippensterben", übertrieben sogar vom einem „Krippenmord". „Modernen" Geistlichen warf man vor, dass sie die Krippe als das „'lächerliche Kinderspielzeug' aus den Kirchen werfen" wollen. Tatsächlich waren jetzt viel weniger Krippen in den Kirchen zu sehen, da die neuartigen Liturgierichtlinien andere Schwerpunkte setzten. Das Schwinden der Krippenkultur lag aber nur bedingt am Konzil, das mit seinen Neuerungen auch zum Verdrängen von Gefühlswerten führte, sondern vielleicht noch mehr an den Zeitströmungen, die sich als politisch-kulturelle und sozio-ökonomische Werte- und Strukturwandlungen äußerten. Im Hinblick auf die Krippe untersuchte Präsident Freitag die neue Liturgiekonstitution, speziell zur sakralen Kunst: „Von Wesen her ist sie ausgerichtet auf die unendliche Schönheit Gottes, die in menschlichen Werten zum Ausdruck kommen soll." Der Vorsitzende folgerte daraus und aus anderen Passagen: „Gilt dies nicht ganz und gar von der Krippe? Kunst, Kleinkunst, Volkskunst ist sie", die völlig dem Lob Gottes geweiht sei. Freilich müssten die Krippen „wahrhaft würdig sein, geziemend und schön" und dem Glauben entsprechen. „Habt keine Angst!" vor den Folgen des Konzils tröstete und ermutigte Freitag, mahnte aber auch zur Gewissenserforschung, „ob unsre Werke nicht verunstaltete Formen haben oder künstlerisch ungenügd, allzu mittelmäßig oder kitschig sind!".

Damals wurde bereits oft die Thematik erörtert, ob die Weihnachtskrippe nicht in der Krise sei. Die historisch-kritische Methode, die Bibel philologisch genau zu interpretieren, stellte die traditionelle Betrachtung des Weihnachtsgeschehens in Frage. Der Moderne zugeneigte Krippenbauer und Krippenfachleute meinten beispielsweise, dass das Weihnachtsgeschehen nicht mehr naturalistisch inszeniert, sondern auf das Wesentliche konzentriert werden solle, nicht zahlreicher Figuren und einer vielbelebten Landschaft bedürften, sich auf die unanfechtbare biblische Substanz zurückziehen müssten. Oder: Das Kind in der Krippe müsse in die Umgebung des menschlichen Seins oder die Not des Lebens hineingestellt werden, um somit seine Mission als „Heiland,

Altes und neues Abzeichen des Verbands

Friedensfürst und Erlöser" auszudrücken. Ein Universitätsprofessor bilanzierte thesenhaft: "Regression in eine naive weihnachtliche Traumwelt sollte die Krippenkunst freilich nie mehr werden, Verkündigung einer das Leben verändernden Botschaft muß sie immer bleiben."

Auch zum 50-jährigen Verbandsjubiläum 1967 waren diese Gedanken schon aufgegriffen worden. Man trete in den vierten Abschnitt der Verbandsgeschichte "und der steht unter dem Zeichen des Hausvaters, der Neues und Altes aus einem Schatz hervorholt", prophezeite der Vorsitzende. Überschwängliche Grußworte kamen von anderen Krippeninstitutionen: Die "Norddeutschen" waren "voller Bewunderung über die großen Leistungen" der Bayern, die Österreicher sahen gar die bayerischen Krippenfreunde als Vorbild, denn "Eure Krippen und Krippensammlungen besitzen Weltruf, aus Euren Reigen sind große Männer hervorgegangen", der Weltkrippenpräsident lobte besonders die Verbandszeitschrift, die zweifellos wegen der Wichtigkeit der Artikel "die erste in der Krippenwelt" sei.

Satzung und Abzeichen wurden erneuert, als Verbandsleistungen wurden hervorgehoben: der Bau und das Aufstellen tausender Krippen in Familien, Heimen und Kirchen auf allen Kontinenten der Erde, die Entdeckung und Wiedererweckung alten Krippenguts, die Aufhellung der Krippengeschichte, die Anerkennung der Krippe durch Vorträge, die Herausgabe von Publikationen, die Sammlung und Aufführung von Krippenspielen und Kompositionen, die Förderung von Künstlern, glanzvolle Veranstaltungen, Feiern und Ausstellungen usw. Ein Zeitzeuge kommentierte: Niemals hätte Krippenvater Alois Burger daran gedacht, dass sich seine Gründung fünfzig Jahre halten ließe.

Wesen und Ziele der früheren Vorsitzenden

Prälat Dr. Michael Hartig
Vorsitzender von 1924 - 1948

Wer waren eigentlich nach dem Gründer die nächsten drei Vorsitzenden von insgesamt sechs? Von 1924 bis 1948 wirkte Dr. Michael Hartig, ein "Geistesmann von ganz ungewöhnlichem Format". Im Nachruf wurden ihm Stärke, Grundsatzfestigkeit, gesunder Glaube, heroische Leidenskraft, überragendes Wissen, traumhafte Sicherheit in der Beurteilung von Kunstschätzen, gnadenhaftes Gedächtnis und franziskanisch durchsonnte Lebenskraft bescheinigt. Für manche galt er als die Verkörperung bayerischer Liberali-

tas. Kunst – und damit auch die Krippe – gehörte für ihn zu dem, was "den Menschen zum Menschen macht". Beruflich war er vor allem in München als kirchlicher Archivar, päpstlicher Hausprälat, Domkapitular und Universitätsprofessor tätig.

Pfarrer und Geistlicher Rat
Johann Freitag
Vorsitzender von 1948 - 1968

Viele Krippenartikel schrieb auch sein Nachfolger, Pfarrer Johann Freitag (1948 bis 1968), der aber noch mehr als Rhetoriker und Dialektiker das gesprochene Wort pflegte. Der Franke musste zunächst um Anerkennung ringen, konnte aber begeistern und mitreißen, war stolz auf seinen Titel "Krippenvater" und seine überreiche Krippensammlung. Freitag handelte leutselig und war dem Modernen nicht abgeneigt, aber die Kindheitsgeschichte Jesu nur für beispielhafte Geschichten zu betrachten, sorgte ihn. "Für ihn war das, was die Bibel erzählt, wörtlich zu nehmen, und die Krippe sollte sich daran orientieren", urteilte sein Nachfolger Erich Lidel (1968-1998).

Sehr engagierten sich der Benefiziat Josef Oblinger und Prälat Peter Balleis (beide Augsburg), Oberkonservator Dr. Wilhelm Döderlein (München) und Hugo Römer (beide München) – alles zweite Landesvorsitzende – sowie Krippenforscher Professor Dr. Rudolf Berliner (München), Zeichner Georg Grübl (Regensburg), Krippengestalter Pfarrer Hans Schäfer (Schöngeising) und viele andere, nicht zuletzt die Aktiven der Geschäftsführung und der Schriftleitung sowie etliche professionelle Krippenkünstler. Dazu zählten die Bildhauer Josef Hien (Ottobrunn), wesentlich später Ludwig Vogele (Ichenhausen), dann die Brüder Herbert und Tobias Ha-

Figuren von Bildhauer Josef Hien: Simeon und Hanna

seidl (Oberammergau), Norbert Tuffek (Werdenfels) und zahlreiche qualitätsvolle Laienschnitzer.

Größter Einsatz und viele Impulse zeichneten auch Prälat Erich Lidel aus. Der „barocke" vitale Schwabe führte den Verband von 1968 bis 1998, also über 30 Jahre lang. Ihm gelang eine Wiederbelebung der Krippenpflege, er schrieb viele Artikel und ein Krippenbuch zu Schwaben, gestaltete die Zeitschrift besonders auch als Schriftleiter vermehrt mit Kunstbeiträgen aus theologischer Sicht und bewies sich als ausgezeichneter Fotograf. Vor allem aber baute er selbst

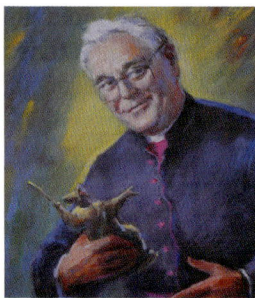

Prälat Erich Lidel
Vorsitzender von 1968 - 1998

zahlreiche Krippen und konnte mit seiner vitalen Freude und Begeisterung anstecken. Von Kindheit an in der echten Krippentradition verwurzelt, war er auch dem Neuen verbunden und setzte sich immer wieder mit den Zeitströmungen auseinander, abwägend und kämpferisch. Ein Nachruf wertet zusammenfassend: „Die Spuren seines Wirkens sind tief und unvergesslich."

Wieder einmal ein Ab und Auf

„Der Glanz der Krippe schien am Erlöschen", kommentierte Erich Lidel später den Beginn seiner Vorstandstätigkeit. Die Mitgliederzahl sank von 2285 im Jahr 1967 auf 1830 im Jahr 1975, erhöhte sich aber dann beispielsweise im

Weihnachtskrippe des Bildhauers Ludwig Vogele

Jahr 1990 auf 3087 und stieg sogar 2002 auf den bisherigen Höchststand von 5005, also auf fast 175 Prozent in 27 Jahren.

Vor allem seit Mitte der 70er Jahre und noch lange nachwirkend wird die Thematik der Krippenkrise weiter diskutiert. Als Zeithintergrund empfand der Landesvorsitzende die „friedlose Welt" – gemeint sind vor allem Kriege im nahen und fernen Osten – und speziell den übersteigerten „Geschenk-, Gratifikations- und Konsumwirbel". Man fragte sich: Waren die „modernen" Krippenbauer – wenn auch eine Minderheit – ein Zeichen für Ungeduld, Unzufriedenheit, Angst vor dem Alten, neues Denken oder ein Weg in die Zukunft? In der Ver-

Moderne Krippe von Peter Riolini

bandszeitschrift wurden diffizil analysierende Artikel mit Überschriften abgedruckt wie „Moderne Krippen?", „Krippe, Ende oder Zukunft", „Ist die Weihnachtskrippe vor der heutigen Theologie noch verantwortbar?" oder „Stirbt die Weihnachtskrippe oder hat sie eine Zukunft?" Krippenfreunde hofften natürlich auf das Weiterleben der alten Krippentradition, manche billigten aber auch aufrichtige neue Versuche. Prophetisch erscheint aus heutiger Sicht die Überlegung von Präsident Lidel im Jahr 1975: „Vielleicht schlägt sogar das Pendel von der Abstraktion und Nüchternheit wieder zurück zur Nostalgie, zum Gefühl und zur Anschaulichkeit. Massive Anzeichen dafür sind da." Und tatsächlich: In einer zunehmend technisierten, automatisierten und verbürokratisierten Welt und Flucht von vielen Individuen in eine gewisse Isolation feierte die Krippenkultur um die Jahrtausendwende eine Hoch-Zeit.

Ausweitung der überregionalen und internationalen Verbindungen

Die vergangenen Jahrzehnte waren aber auch von einer Steigerung der internationalen Krippen-Kontakte geprägt, gefördert von ständig verbesserten Kommunikationsmöglichkeiten und der Sehnsüchte nach Frieden und Freundschaft.

Bei einem internationalen Krippen-Kongress in Barcelona am 30./31. Mai 1952 wird der Universalis Foederatio Praesepistica gegründet, dem sich sofort der bayerische Verband anschließt. Damals nur sieben Verbände, gehören der Un-Foe-Prae heute (Stand 2017) 20 an, nicht nur aus Europa, sondern auch aus Brasilien, Argentinien und USA. Der Weltkrippenverband hat als Hauptziel „die Pflege, Förderung und Weiterverbreitung der Krippentradition auf religiöser, kirchlicher, künstlerischer und volkskundlicher Grundlage unter Berücksichtigung und Anerkennung der kulturellen Vielfalt". Seit 2. April 2011 fungiert Johann Dendorfer (Furth im Wald) vom bayerischen Krippenverband als Präsident.

Die Bayern organisierten drei Krippenweltkongresse, in München am 14./15. Oktober 1961, in Nürnberg vom 30. November bis 2. Dezember 1979 und in Augsburg vom 23. bis 27. Januar 2008.

Logo Weltkrippenkongress in Augsburg 2008

1951 veranstaltete der Weltkrippenverband erstmals seinen Kongress in Deutschland. An die tausend Teilnehmer aus allen Ständen, allen Altersschichten und etlichen Ländern trafen sich in der bayerischen Landeshauptstadt. „Viele Stimmen, aber nur eine Sprache", schrieb eine Münchner Zeitung. Neben Vorträgen zur Krippenkultur bildeten eine imposante Krippenausstellung im Stadtmuseum und einige Führungen durch die Schmederer-Sammlung im Nationalmuseum die Höhepunkte. Hervorgehoben wurde mehrmals die „gewaltige Werbewirkung".

1979 in der Frankenmetropole hielt Landesvorsitzender Lidel zum Motto „Die Krippe, Ausdruck der Freude" die Festrede zum Thema „Die Weihnachtsbotschaft, Verkündigung der Freude und des Lebenssinnes". Er betonte aber auch eindringlich, dass die Krippe zwar in vieler Mund sei, aber nicht immer in berufenen Händen. Der Missbrauch der Krippe als Objekt ohne Beachtung ihres tieferen Inhalts und ihrer Botschaft dürfe in der Vereinsarbeit nicht zu einem der Krippe fremden Erfolgsgedanken führen. Fast 100 000 Menschen besuchten innerhalb von vier Wochen die Ausstellung „Weihnachtskrippen aus aller Welt", ein „Spiegelbild des Glaubens in hundert Formen und Farben" im Alten Rathaussaal.

2008 reisten zum Motto „Gott wird Mensch" 600 Besucher aus 19 Ländern nach Augsburg, das mit vielfältigen Veranstaltungen wie Vorträgen, Krippenfahrten, Gottesdiensten und einem getanz-

Titelmotiv des Katalogs zur Verbandsausstellung in Augsburg

ten Weihnachtsspiel aufwartete. Vor allem zeigten vier Krippenausstellungen die Welt der bayerischen Krippenkultur. Im Kreuzgang des Doms konnte man einen repräsentativen Querschnitt des Krippenschaffens der Ortsvereine des Verbands sehen, der auch einen Begleitkatalog anbot.

Seit 2006 wurde außerdem jährlich die Alpenländische Krippenwallfahrt für September organisiert, bei der sich Österreicher, Südtiroler, Schweizer und Bayern abwechseln. Viele Ortsvereine oder Einzelpersonen treffen sich auch immer wieder gesellig mit anderen Krippenfreunden in Bayern, Deutschland

Fachreferate zur Krippenkultur mit simultanen Übersetzungen

und im Ausland oder besuchen Ausstellungen. Persönliche Verbindungen bestehen manchmal seit Jahrzehnten. Besondere Kontakte und Fähigkeiten fördern lokale oder regionale Krippenbauschulen, vor allem in Klüsserath, Kempten und Garmisch-Partenkirchen. Der Verband bezuschusst kräftig die Ausbildung zum Krippenbaumeister, wenn sie dem Vereinsleben dient.

Zeitschrift unentbehrlich für Kontakte und Wissen

Als wichtigstes Verbindungsorgan zwischen den Mitgliedern des Bayerischen Verbandes gilt die Zeitschrift, die seit der Gründung 1917 existiert. Zunächst wurden nur vier Seiten gedruckt, deren Zahl nach und nach umfangreicher wurde und seit Jahren auf 32 angewachsen ist. Meist erschienen vier Hefte jährlich bis zur Nummer 381 (Stand September 2017), abgesehen von einer Zwangspause von Mitte 1939 bis Ende 1946. Inhalt und Gestaltung wurden stets im Wandel der Zeiten aktualisiert, stilistisch und ästhetisch verändert und der neuesten Drucktechnik angeglichen. Die Orientierung an den Lesern war besonders wichtig. Äußere Schwierigkeiten – beispielsweise Papierknappheit in Notzeiten oder Finanzierungsprobleme – und Gewinnung von möglichst versierten Autoren mussten gelöst werden. Immer wieder wurde das Engage-

Der Bayerische Krippenfreund 333

Zeitschrift des Verbands Bayerischer Krippenfreunde · September 2005

Der Bayerische Krippenfreund 347

Zeitschrift des Verbands Bayerischer Krippenfreunde · März 2009

Der Bayerische Krippenfreund 372

Zeitschrift des Verbands Bayerischer Krippenfreunde · Juni 2015

Drei neuere Beispiele der Verbandszeitschrift „Der Bayerische Krippenfreund"

◄ Fränkische Krippe um 2000

ment der Schriftleiter durch oft überschwängliches Lob aus dem In- und Ausland belohnt und für vielfache Vermittlung von Kenntnissen und Inspirationen recht geschätzt, die auch das Selbstverständnis der Krippenfreunde vertiefen sollten.

Zunächst übernahm die vielseitige Arbeit der Gründer Pfarrer Alois Burger (Hochwang), dann folgten Pater Oderich Heinz (München) 1919 bis 1924, Pfarrer Tiberius Burger (Wiesent) 1924 bis 1932, Oberstudienrat Rudolf Hertinger (Amberg) 1933 bis 1967, Regierungsbeamter Georg Spiegler (München) 1967 bis 1971, Fachoberlehrer Raimund Pöllmann (Schwandorf) 1973 bis 1983, Prälat Erich Lidel 1974 bis 2000 und Studiendirektor Guido Scharrer (Straubing) ab 2001. Auch die jeweiligen Verlage hatten maßgebenden Anteil und bewiesen zudem oft außergewöhnlichen persönlichen Einsatz für die Zeitschrift: von 1917 bis 1919 der Paul-Druck Günzburg, von 1919 bis 1924 die Hübschmann'sche Buchdruckerei München, von 1924 bis 1975 der Habbel-Verlag Regensburg, von 1976 bis 1992 die Erhardi-Druck GmbH Regensburg-Waldsassen, von 1983 bis 2001 der Konrad-Verlag Weißenhorn und schließlich ab 2002 der Beck-Verlag Straubing.

Auch oft ein Thema für die Zeitschrift: verschiedene Christkindl

Die vielgefächerten Aktivitäten des Krippenverbands und seiner Ortsvereine spiegeln sich am besten in der Zeitschrift wieder. Natürlich wurde vorrangig über Weihnachtskrippen berichtet und analysiert, aber auch nicht wenig über Passions- und Jahreskrippen, Christkindl, Heilige Gräber und Klosterarbeiten. Es finden sich außerdem viele Artikel über Ortsvereine, kleine und große Krippenmuseen, überregionale Treffen und internationale Verbindungen. Die Titelliste der Veröffentlichungen würde ein halbes Buch füllen: von Krippenspielen bis zu Krippenmäusen, von Künstlerverzeichnissen bis zu Keramikfliesen, von Gedichten bis zum Gloriagruß, von Basteleien bis zum Brandenburger Tor, von Papstgrußworten bis zu Preisrätseln, von Glossen bis zu Gipsfiguren, von Erlebnisfahrten bis zu Erzählungen, von Feinheiten bis zur „Folterkammer", von Kindlichem bis zu Kalvarienbergen, von Werkanleitungen bis zu Wunderlichem, von Meditationen bis zum Monte Scherbelino, von Buchbesprechungen bis zu Bethlehem, vom heiligen Josef als Patron der Krippenfreunde und so weiter und so fort.

Nicht Holdrio und falsches Gloria

Andererseits machte die Krise der Krippe dem Verband auch in den 80er Jahren und darüber hinaus zu schaffen, mit zusätzlichen Phänomenen. Neben Konsumdenken und Wertewandel wurde beklagt, dass die Krippe „als Objekt ohne Beachtung ihres tieferen Inhalts" missbraucht werde. Die Arbeit der Krippenfreunde dürfe sie aber nicht zu fremden Erfolgsgedanken verleiten lassen. Landesvorsitzender Lidel erklärte: „Es wird viel über die Krippe gesprochen, Gescheites, Dummes, sogar Gefährliches" und mahnte: „Bauen Sie Ihre Krippe aus dem Glauben heraus und wehren Sie allen Anfängen, daß nicht Holdrio, falsches Gloria in der Krippe Platz finden." Vor allem drohe der Krippe eine Verkitschung oder ein Hineinziehen ins Märchenhafte. Diese Tendenzen scheinen bis heute noch offensichtlich.

Intern wurde im Verband auch nicht selten heftig und manchmal hitzig diskutiert, offiziell erhielt man aber immer höchstes Lob. Zum 75-jährigen Bestehen beispielsweise übermittelte Papst Johannes Paul II. die herzlichsten Segenswünsche und dankte für vielschichtige Aktivitäten und nicht zuletzt für die Herausgabe der Zeitschrift. Zum 80. Jubiläum beglückwünschte der Bayerische Ministerpräsident Dr. Edmund Stoiber für „engagierte Arbeit im Dienste eines schönen Brauchtums". Die Krippe sei das Symbol für Weihnachten schlechthin. „Und so soll es bleiben!"

Neben den Präsidenten prägten die vergangenen gut drei Jahrzehnte ihre Stellvertreter Johannes Buhl (Regensburg), Jakob Gerner (Bamberg), Peter Reus (Nürnberg), Johann Dendorfer (Furth im Wald), Klaus Porten (Klüsserath), Georg Beurer (Burgau) sowie der Krippenspezialist Peter Riolini (Augsburg) und der evangelische Theologe Theodor Glaser (München), beide auch vielseitige Krippenautoren, neben zahllosen anderen die Verbandsgeschichte kräftig mit.

Das galt auch für die Forderung: „Gebt die Krippe weiter, denn sie kann auf ihre Weise Freude, Trost, Kraft und Licht im Dunkel der Zeiten sein." So appellierte Prälat Lidel 1998 kurz vor seinem Abschied als Landesvorsitzender. Diese Tendenzen setzten seine Nachfolger – jetzt nach internationalen Gepflogenheiten Präsidenten genannt – mit anderem Naturell fort.

Angebote, Kommunikation und Erhaltung als drei Säulen

Ab Ende November 1998 leitete der damals 35-jährige Direktor des Erzbischöflichen Studienseminars in Traunstein, der Geistliche Thomas Frauenlob, zehn Jahre lang den Verband. Er gelobte den „Blick nach vorne" mit einer meist jungen und engagierten Vorstandschaft, als neue Vizepräsidenten Johann Dendorfer und Klaus Porten. Kurz darauf konnte man den Studiendirektor und Redakteur Guido Scharrer als Schriftleiter gewinnen.

Monsignore Thomas Frauenlob
Präsident von 1998 - 2008

Es wurde 2005 auch ein Verbandsprofil entwickelt, das als Ziel die „Pflege, Förderung und Weiterverbreitung der Krippe auf religiöser, künstlerischer und volkskundlicher Grundlage" formuliert. So steht es in der jetzigen Satzung, die auch früher wiederholt den Bedürfnissen angepasst worden war. Nach dem Profil basierten die Leistungen des Verbands auf drei Säulen: Angebote (z.B. Fortbildung, Rahmenverträge zu Versicherungen, Information, Beratung, Projektbetreuung, Ausbildungsförderung), Kommunikation (Zeitschrift, Homepage, Tagungen, Erfahrungsaustausch, Impulse, Vernetzung, Öffentlichkeitsarbeit, Fachpublikationen) und Erhaltung (Archiv, Forschung, Dokumentation, Qualitätssicherung, Bestandsicherung).

Als besondere Aufgabe betrachtete der Präsident das Werben um junge Mitglieder und das Wecken eines „Wir-Gefühls". Unter seiner Amtsperiode sticht

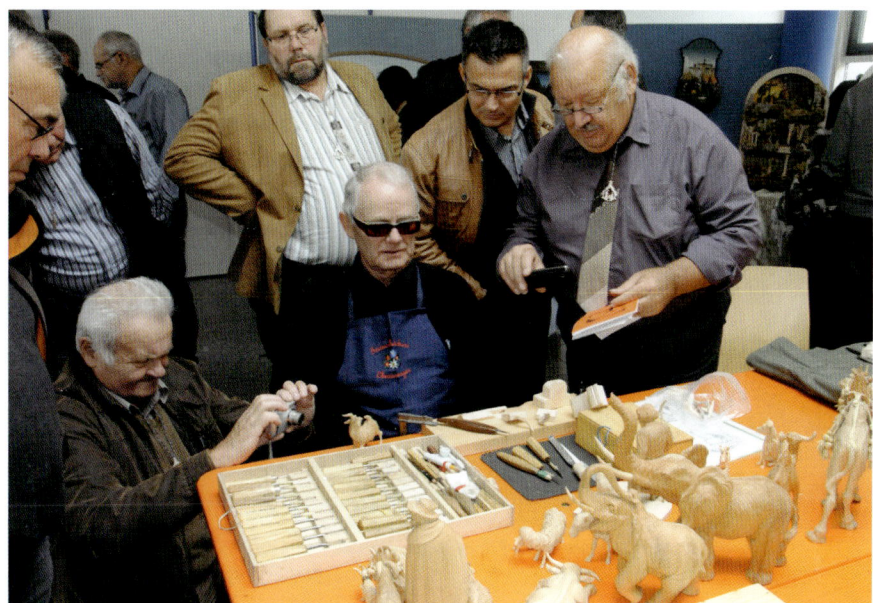

Häufig praktische Vorführungen bei Landestagungen

der erfolgreiche Weltkrippenkongress in Augsburg hervor. Außerdem fallen zahlreiche andere Treffen, Unterstützungen zum Krippenbaumeister und die Fortentwicklung der Verbandszeitschrift auf. Die Reihe der speziellen, oft zweitägigen Fortbildungen, meist initiiert und moderiert von der Schriftleitung, begann 2004 mit dem Thema Krippenfotografie und setzte sich dann jährlich fort mit den Themen Umgang mit Medien, Jugend heute – für die Krippe begeistern, Vereins- und Steuerrecht, Krippenliteratur und Krippenfilme, Jahreskrippen, Krippensymbolik und Krippengeschichte, Restaurierung und Archivierung von Krippen, Anregungen zur Gestaltung von Ausstellungen, Passionskrippen. Stets waren die Veranstaltungen ausgebucht.

Wunsch nach starken Ortsvereinen und aktivem Verband

Inzwischen war Pfarrer Martin Martlreiter aus Dingolfing im November 2008 zum Präsidenten gewählt worden. Er wünschte sich immer wieder gegenseitige

Pfarrer und Geistlicher Rat
Martin Martlreiter
Präsident seit 2008

Fachbuch des Verbands zur Geschichte der Krippe in Bayern

Solidarität und setzte auf „zwei unverzichtbare, tragende Säulen": starke Ortsvereine sowie aktive und handlungsfähige Verbandsvorstandschaft. Neben Einzelmitgliedern seien gerade die Vereine wesentlich Träger, Initiatoren und Multiplikatoren der Krippenidee. „Um qualitätsvolle, künstlerisch und volkskundlich angemessene Krippenszenen zu entwickeln, brauchen wir die Gemeinschaft, die baut und aufbaut, inspiriert und korrigiert, sich freut und deren Freude ansteckt." Die Verbandszeitschrift könne als der „aktivste und beste Botschafter" der Krippenkultur angesehen werden, die Ökumene bilde ein wichtiges Thema. Die Mitgliedszahl näherte sich 2014 schon der 5000-Marke, sank aber besonders wegen Umstrukturierungen auf immerhin nur 4748 (Stand 2017).

In der bisherigen Amtszeit gab der Verband das Buch „Geschichte der Krippe in Bayern" heraus, „ein Highlight" und „ein optimales Geschenk". Das vorliegende Buch zum zukunftsweisenden Thema „Jahreskrippen" wurde vorbereitet. Vor allem heiße in unserer unruhigen Zeit das Zauberwort „Kommunikation". Dazu dient auch die komplette Digitalisierung aller Krippenhefte, professionell verwirklicht und mit einem Suchprogramm leicht zu erschließen. Dieses „unentbehrliche Nachschlagewerk" für Einzelne, Vereine und speziell für Autoren und Wissenschaftler erschien passend und rechtzeitig vor dem 100-jährigen Verbandsjubiläum. Die breit gefächerten Fähigkeiten und Vorzüge des jetzigen Präsidenten wurden bereits mit der Ehrenmedaille ausgezeichnet und Martin Martlreiter gewürdigt als der Seelsorger, der Engagierte, der Ausgleichende, der Humorvolle, der Krippenfreund, der Präsident, der Theologe. Dem Verband gehören 2017 44 Ortsgruppen und die Arbeitsgemeinschaft Sudetendeutscher Krippenfreunde an. Verflochten mit dem Verband sind neben

Krippenbauschulen auch mehrere private und öffentliche Krippenmuseen, vorallem in Glattbach, Klüsserath und Oberstadion.

Und wie ist die Verbandssituation nach einem Jahrhundert? Man soll sich freuen und darf stolz sein auf die Leistungen. Aber ein Sprichwort macht nachdenklich: „Es gibt weder eine gute noch eine schlechte Zeit, die 100 Jahre dauert." Auch wenn allgemein der Krippenkultur Kitsch und Kommerz drohen, oft andere Elemente das wichtigste weihnachtliche Symbol verdrängen, der Werteverfall und der Gesellschaftswandel zunehmen und die Vereine überaltern. Und scheint die früher oft geäußerte Forderung „In jede christliche Familie eine Weihnachtskrippe" nur noch ein frommer Wunsch zu sein? Die Entwicklung bewegt sich allerdings immer in Variationen und Wellen. Ein kluger Rat eines Krippenpräsidenten lautet heute: Die Krippenfreunde sollten sich in ihrer Arbeit nicht ermutigen lassen, dürften sie aber auch nicht glorifizieren. Nach hundert Jahren Verbandsgeschichte gilt aber zunächst jetzt, wie man früher häufig formulierte: ad multos annos – auf viele weitere Jahre!

Aktuelle Thematik: Verkünden der frohen Botschaft an Obdachlose unter der Steinernen Brücke Regensburg (Foto 2014)

[Um vor allem den Lesefluss und die Übersichtlichkeit des Aufsatzes nicht zu beeinträchtigen, wurde trotz des Selbstverständnisses eines Historikers auf Fußnoten oder Anmerkungen verzichtet. Das Gefühl des Redakteurs überwog und versuchte einen Kompromiss. Der Leser aber sollte wissen: Die durch Anführungszeichen markierten Zitate stammen alle aus der Verbandszeitschrift und sind speziell durch die Digitalisierung sämtlicher Hefte intersubjektiv überprüfbar. Andere Quellen, nur äußerst dürftig vorhanden, nützen für einen relativ kurzen Überblick zur Verbandsgeschichte so gut wie nichts. Kritisch in ihrer Aussage zu bewerten sind besonders gewisse Textpassagen zu Jubiläumsfeiern oder auch zu anderen Treffen, die zu idealisierten Übertreibungen neigen können.]

Wichtige Literatur (in Auswahl) zur Krippe in Bayern

Berliner, Rudolf: Denkmäler der Krippenkunst, Lieferungen I – XXI (168 Tafeln), Augsburg 1926-30

Berliner, Rudolf: Die Weihnachtskrippe, München 1955

Bogner, Gerhard: Das neue Krippenlexikon, Lindenberg 2003

Bogner, Gerhard: Die Barockkrippen in Bayern, Lindenberg 2007

Bogner, Gerhard: Krippen in der Oberpfalz, Regensburg 2001

Daxelmüller, Christoph: Krippen in Franken, Würzburg 1978

Döderlein, Wilhelm: Alte Krippen, München 1960

Gockerell, Nina / Haberland, Walter: Krippen im Bayerischen National- museum, München 2005

Hager, Georg: Die Weihnachtskrippe. Ein Beitrag zur Volkskunde und Kunstgeschichte aus dem Bayerischen Nationalmuseum, München 1902

Kreitmeier, Josef: Die Weihnachtskrippe, ein Weckruf zur Freude, München 1922

Lidel, Erich: Die Schwäbische Krippe, Weißenhorn 1987

Mitterwieser, Alois: Frühere Weihnachtskrippen in Altbayern, München 2. Auflage 1927

Pfistermeister, Ursula: Barockkrippen in Bayern, Stuttgart 1984

Riolini, Peter / Scharrer, Guido: Geschichte der Krippe in Bayern, Straubing 2010

Röhrig, Hans-Günther: Fränkisches Krippenbuch, Bamberg 1981

Rüth, Bernhard und Gerhild: Schwäbisch-alemannisches Krippenbuch, Lindenberg 2015

Scharrer, Guido und Ulli: Krippenausstellung im Kreuzgang des Augsburger Doms – Verband Bayerischer Krippenfreunde (Katalog zum 18. Weltkrippen- kongress), Straubing 2008

Spiegel, Beate / Thiersbach, Melanie / Trepesch, Christof: Krippenkunst, Lindenberg 2007

Verband Bayerischer Krippenfreunde: Zeitschrift „Der Bayerische Krippen- freund, 1917ff (alle Hefte auch digitalisiert)

Verein Bayerischer Krippenfreunde (Hrsg.): Handbuch für Krippenfreunde, Regensburg 1967

Weinhold, Gertrud: Freude der Völker. Weihnachtskrippen und Zeichen der Christgeburt aus aller Welt, München 2. Auflage 1984

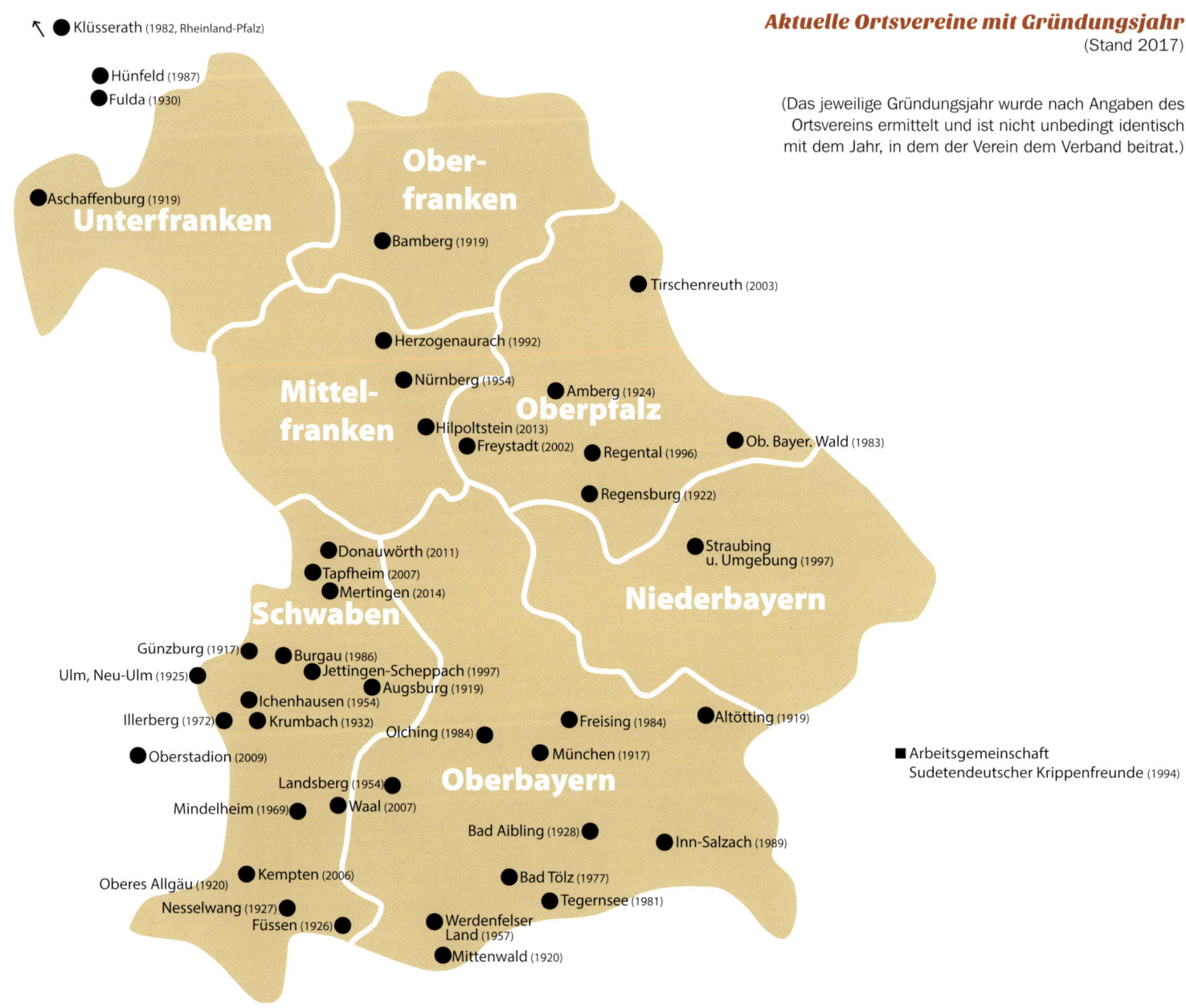

Aktuelle Ortsvereine mit Gründungsjahr
(Stand 2017)

(Das jeweilige Gründungsjahr wurde nach Angaben des Ortsvereins ermittelt und ist nicht unbedingt identisch mit dem Jahr, in dem der Verein dem Verband beitrat.)

Klüsserath (1982, Rheinland-Pfalz)

Hünfeld (1987)
Fulda (1930)

Aschaffenburg (1919)

Unterfranken

Ober-franken

Bamberg (1919)

Tirschenreuth (2003)

Herzogenaurach (1992)

Mittel-franken

Nürnberg (1954)

Amberg (1924)

Oberpfalz

Hilpoltstein (2013)
Freystadt (2002)
Regental (1996)
Ob. Bayer. Wald (1983)

Regensburg (1922)

Straubing u. Umgebung (1997)

Donauwörth (2011)
Tapfheim (2007)
Mertingen (2014)

Niederbayern

Schwaben

Günzburg (1917)
Burgau (1986)
Jettingen-Scheppach (1997)
Ulm, Neu-Ulm (1925)
Augsburg (1919)
Ichenhausen (1954)
Illerberg (1972)
Krumbach (1932)
Olching (1984)
Freising (1984)
Altötting (1919)
Oberstadion (2009)
München (1917)
Landsberg (1954)
Mindelheim (1969)
Waal (2007)

Oberbayern

Bad Aibling (1928)
Inn-Salzach (1989)

Oberes Allgäu (1920)
Kempten (2006)
Bad Tölz (1977)
Nesselwang (1927)
Tegernsee (1981)
Füssen (1926)
Werdenfelser Land (1957)
Mittenwald (1920)

■ Arbeitsgemeinschaft Sudetendeutscher Krippenfreunde (1994)

Internetadressen der Ortsvereine

(soweit vorhanden, Stand 2017)

Altötting
www.krippenfreunde-aoe.de

Amberg
www.amberger-krippenfreunde.npage.de

Aschaffenburg
www.krippenfreunde-aschaffenburg.de

Augsburg
www.krippenverein-augsburg.jimdo.com

Bad Aibling

Bad Tölz

Bamberg
www.krippenfreunde-bamberg.de

Burgau
www.burgauer-krippenverein.jimdo.com

Donauwörth
www.krippenverein-donauwörth.de

Freising
www.freisinger-krippenfreunde.de

Freystadt
www.krippenverein-freystadt.de

Füssen

Fulda
www.fuldaer-krippenfreunde.de

Günzburg
www.guenzburger-krippenfreunde.de

Herzogenaurach
www.krippenfreunde-herzogenaurach.de

Hilpoltstein

Hünfeld
www.krippenfreunde-huenfeld.de

Ichenhausen
www.krippenverein-ichenhausen.de

Illerberg

Inn-Salzach
www.krippen-inn-salzach.de

Jettingen-Scheppach
www.krippenfreunde-jettingen.de

Kempten
www.krippenbauschule-hobbyschnitzer-kempten.de

Klüsserath
www.krippenverein.de

Krumbach
www.heimatverein-krumbach.de

Landsberg

Mertingen
www.krippenverein-mertingen.de

Mindelheim

Mittenwald
www.krippenverein-mittenwald.de

München
www.muenchner-krippenfreunde.de

Nesselwang
www.krippenfreunde-nesselwang.de

Nürnberg/Fürth
www.nuernberger-krippenfreunde.de

Oberer Allgäu

Oberer Bayerischer Wald

Oberstadion
www.krippen-museum.de

Olching

Regensburg
www.krippenverein-regensburg.de

Regental
www.krippenfreunde-regental.de

Straubing und Umgebung
www.krippenfreunde-straubing.de

Tapfheim
www.schnitzerfreunde.de

Tegernseer Tal
www.krippenfreunde-tegernseer-tal.de

Tirschenreuth
www.krippenfreunde-tirschenreuth.de

Ulm und Neu-Ulm
www.krippen.telebus.de

Waal

Werdenfelser Land
www.werdenfelser-krippenfreunde.de

Sudetendeutsche Krippenfreunde
www.sudetendeutsche-heimatpflege.de

Einstige Ortsvereine

Babenhausen (1924-1928)
Berchtesgaden (1951-1953)
Berlin (1954-2009)
Deggendorf (1919-1951, 1957-1964)
Dillingen (1931-1932)
Eggenfelden (1951-1954)
Elberfeld (1924-1928)
Feldkirchen (1948-1951)
Fürstenfeldbruck (1948-2001)
Herrieden (1926-1931)
Iglau (1929-1939?)
Illertissen (1925-1941)
Immenstadt/Sonthofen (1920-1966)
Kiefersfelden (1948-1957)
Köln (1926-1929)
Landshut (1927-1931, 1936-1938)
Laufen (1925-1932)
Leinzell (1949-1951)
Lindau (1923-1934)
Neustadt a.d. Hardt (1934-1951)
Niemes (um 1930)
Obergünzburg (1929-1951)
Ornbau (1923-1927, 1948-1951)

Pasing (1936-1941)
Passau (1927-1934)
Pfaffenwinkel (2010-2015)
Pöttmess (1924-1928)
Ravensburg (1928-1932)
Schweinfurt (1929-1933)
Simbach am Inn (1930-1932)
Stuttgart (1933-1941)
Ursberg (1936-1954)
Vilsbiburg (1923-1930)
Waldstetten (1929-1932)
Wallersdorf (1951-1974)
Weiden (1931-1933)
Weiherhammer (um 1966)
Weißenhorn (1919-1934, 1955-?)
Würzburg (1921-1931, 1955-1966?)

[Die Daten könnten manchmal nicht ganz zuverlässig sein und müssten – wenn überhaupt möglich – intensiver erforscht werden. Es dürfte sich nicht immer um Vereine im heutigen Sinn handeln, sondern auch um lose Zusammenschlüsse u.ä.]

Palast Herodes

Guido Scharrer

Jahreskrippen
Begriff und Bedeutung, Positionen und Perspektiven

Was ist eine Jahreskrippe? Ist sie noch zeitgemäß? Gehört ihr die Zukunft? Diese und noch viele andere Fragen tauchen zum Thema auf. Zufriedenstellende Antworten finden sich kaum in der Krippenliteratur, nur kleine Bruchstücke, ganz selten Stellungnahmen: Immerhin kann man nicht wenige Beispiele und etliche Beiträge in der Zeitschrift des Verbands Bayerischer Krippenfreunde entdecken. Man muss die Thematik ziemlich differenzieren, und doch kann vieles nur offen bleiben. Aber Staunen, Freude und Hoffnung dürfte auch bei denen aufkommen, die sich mit Jahreskrippen nicht oder nur wenig beschäftigen. Erinnert die Auseinandersetzung damit nicht auch an das – vielleicht unbewusste – Streben nach den drei „göttlichen Tugenden" Glaube, Hoffnung und Liebe, übertragen in unsere Zeit?

Ungenauigkeiten und Irritationen

Echte Jahreskrippen – das intendiert schon der Begriff – werden in wechselnden Szenen das ganze Jahr über aufgebaut. Mit dieser „Temporalisierung des Jahres" nach christlichen Festen und Festzeiten wird ein bildhaftes, dramati-

Arche Noah (Mallersdorf)

◀ Einzug in Jerusalem (Straubing, Jesuitenkirche)

Vertreibung von Hagar und Ismael in die Wüste (Nördlingen)

sches „Stationentheater" inszeniert, das sich ausschließlich oder fast immer an der Bibel orientieren sollte. Gelegentlich wird die Jahreskrippe auch mit einer mittelalterlichen „biblia pauperum", einer Armenbibel, verglichen, bei der Abbildungen dominierten, da nur wenige lesen konnten. (Weihnachts-)Krippen entstanden allerdings nach heutiger Erkenntnis der Wissenschaft erst anfangs der zweiten Hälfte des 16. Jahrhunderts. Speziell Jahreskrippen sind fast immer gewachsene Gebilde aus unterschiedlichen Zeiten und wurden oder sollten nach der Abfolge des Kirchenjahres aufgestellt werden. Nicht selten sind sie von der persönlichen Glaubenserfahrung des Initiators oder Betreuers geprägt. Zwischen katholischen und evangelischen Regularien gibt es gewisse Unterschiede, die aber für den Krippenaufbau kaum relevant sein dürften. Eine sichtbare Unterscheidung zwischen den traditionellen, volkstümlich noch üblichen drei Festkreisen (Weihnachten, Ostern, Pfingsten) erscheint für die Praxis der Jahreskrippen eher belanglos. Früher wurde manchmal theoretisierend in freudenreiche, schmerzreiche und glorreiche Krippen eingeteilt, letztere gelegentlich auch Sommerkrippe genannt. Heutzutage empfiehlt sich im katholischen Bereich die nach dem Zweiten Vatikanischen Konzil (1962-1965) vorgeschriebene Leseordnung zu berücksichtigen, die sich auf das Leben Jesu konzentriert. Fast alle Jahreskrippen sind in Kirchen aufgebaut, etliche aber auch in Privathäusern.

Als Jahreskrippen können eigentlich nicht bezeichnet werden – was aber immer wieder geschieht –, wenn nur einige weihnachtliche Szenen gezeigt werden und dazu später zwei, drei zur Passion. Auch Simultankrippen, meist auf Museen beschränkt, mit verschiedenen Darstellungen zum Leben Jesu sind vom Wesen her keine Jahreskrippen.

Der Wechsel der Szenen etwa monatlich oder nach wenigen Wochen bildet ein charakteristisches Merkmal für Jahreskrippen. Als Sonderform kann man gelten lassen, wenn eine größere Reihe von Darstellungen, die eine Jahreskrippe sein könnten, in einem kirchlichen oder weltlichen Raum über Monate oder Jahre zu sehen sind. Trotz oder gerade wegen der Folge von Bildern können sich für den Betrachter multidimensionale inhaltliche Beziehungen ergeben und damit ein vernetztes Nachdenken erzeugen.

Fast unbegrenzte Möglichkeiten

Vor allem Szenen zum Leben, Sterben und der Auferstehung Jesu werden in Jahreskrippen aufgebaut, manchmal ausschließlich. In vielen Jahreskrippen kommen aber Darstellungen aus der Apostelgeschichte und dem Alten Testament dazu. Gelegentlich werden Texte aus Apogryphen und Visionen inszeniert sowie Heiligenlegenden, Wallfahrten und religiöse Feste aus späteren oder heutigen Zeiten, teils orientiert am regionalen oder lokalem Brauchtum.

Aus München berichtete beispielsweise Hugo Römer: „... neben den Bildern des Weihnachtskreises [werden] besonders Begebenheiten aus dem Leben Jesu und Gleichnisse dargestellt. Ausgezeichnet geeignete Themen sind: Jesus im Tempel, die Bergpredigt, Jesu der Kinderfreund, Krankenheilung, der Jüngling von Naim, die Auferweckung des Lazarus, das Töchterlein des Jairus, der Hauptmann von Kapharnaum, die Berufung Petris, Martha und Maria, die Versuchung Jesu, der gute Hirte, der verlorene Sohn, der Pharisäer und der Zöllner, der barmherzige Samaritan, Passionsdarstellungen, die Frauen am Grabe, die Jünger von Emmaus. Auch Szenen aus der Apostelgeschichte und dem Alten Testament werden mit einbezogen z. B.: Das Apostelkonzil, die Befreiung Petri, Krönung Mariens, Esther, Salome, das salomonische Urteil, die eherne Schlange, Tobias. In den Sommermonaten sind auch Darstellungen aus dem religiösen Brauchtum sehr beliebt wie z. B. Marienverehrung, Seewallfahrt, das Tischgebet etc. um nur einige zur Anregung zu nennen." („Krippenfreund" = KF 9/201 1972, S. 55). An manchen Orten sind Darstellungen zu Heiligen bekannt, wie zu Georg, Nikolaus, Martin, Ursula, Genoveva, Huber-

◀ Manna für die Israeliten in der Wüste (Nördlingen)

Einzug der Bundeslade in Jerusalem (Nördlingen)

tus, Hildegard von Bingen, Franziskus, Bruder Konrad usw. Manchmal werden auch Wallfahrten, etwa zu „Vierzehn Heiligen", oder Prozessionen zu Fronleichnam und zur Verehrung der Maienkönigin sowie zu speziellen Ordensfesten gezeigt. Besonders in den vergangenen Jahren wurde nicht selten Altes mit Aktuellem kombiniert, so der Tanz um das goldene Kalb mit modernen Börsenkursen, die Herbergssuche in einem sozialen Problemviertel einer größeren Stadt, die Geburt in Bethlehem mit der heutigen Mauer als Sperranlage oder die Flucht nach Ägypten mit Asylsuchenden.

Der Figurenbestand von Jahreskrippen ist äußerst unterschiedlich. Er reicht von nur etwa 20 bis zu mehreren hundert. Günstig ist immer, wenn man Köpfe und Kleidung auswechseln kann. Bei einer Inszenierung mit nur wenigen Figuren empfehlen sich spezielle Theaterpraktiken wie die Mauerschau. So kann man etwa die Hochzeit zu Kana mit nur drei Personen darstellen: Das Weinwunder ist sichtbar, die übrige Gesellschaft wird um die Ecke nur angedeutet. Bei älteren, größeren Jahreskrippen haben sich die Figuren meist seit Jahrzehnten angesammelt und können die heterogene Herkunft nicht oder kaum verbergen, bei neueren Jahreskrippen stammen sie oft aus einer Hand.

Recht ungleiche Bedingungen entstehen außerdem durch den verfügbaren Platz. Er kann bei Jahreskrippen sogar unter einem Quadratmeter messen, meist ist er allerdings umfangreicher. Die Größe muss aber kein Nachteil sein. Besonders wichtig erscheint dagegen, dass ein günstiger Standort (im Kirchen-

▲ Mariä Geburt (Füssen)

Geburt Christi (Füssen) ▼

raum) gewählt werden konnte, damit die Jahreskrippe möglichst nicht übersehen wird. Dazu findet man viele positive, aber auch negative Beispiele.

Unklarheiten über Entstehungszeit

Seit wann gibt es überhaupt Jahreskrippen? Diese Frage ist nur schwierig zu beantworten. Vermutlich taucht der Begriff Jahreskrippen erst vor etlichen Jahrzehnten im süddeutschen Raum – speziell in Bayern – auf und wird dann auf Krippen übertragen, die auch Szenen außerhalb des Weihnachtsfestkreises zeigen, zunächst wahrscheinlich meist nur zur Passion. Zumindest für das nicht deutschsprachliche Ausland müsste der Begriff noch untersucht werden. Lesen kann man aber immerhin: „Jahreskrippen als Forum der Darstellung des Heilsgeschehens über das ganze Kirchenjahr hin kommen bereits im 16. Jh. in Bayern/Österreich auf." (KF 3/319 2002, S. 5). Dies wird wohl daraus geschlossen, dass aus einem Briefwechsel der in Graz verheirateten Erzherzogin Maria, einer Tochter Herzogs Albrechts V. von Bayern, zur Bestellung von weiteren Krippenfiguren gefolgert wird: „....die Erzherzogin wollte sich also nach und nach eine ganze Jahreskrippe zusammenstellen, die sie im häuslichen Bereich aufbauen und damit ihre 15 Kinder in der biblischen Geschichte unterweisen konnte." (Brief vom Februar 1578, In: Nina Gockerell: Krippen im Bayerischen Nationalmuseum, München 1994, S. 15) Gemäß der Ausweitung der Krippenszenen bereits Ende des 16. Jahrhunderts wird vermutet, dass sich bald Jahreskrippen entwickelt haben. (Wilhelm Döderlein, In: Handbuch für Krippenfreunde, Regensburg 1967, S. 20) Mit Figuren aus dem späten 17. Jahrhundert soll bereits im Münchner Altersheim St. Joseph eine Jahreskrippe existiert haben. (KF 9/261 1987, S. 5) In der älteren wissenschaftlichen Standardliteratur speziell zu Bayern – wie bei Georg Hager 1902, Josef Kreitmaier 1922, Alois Mitterwieser 1927 oder Rudolf Berliner 1955 – bezieht sich jeweils schon der Titel nur auf die Weihnachtskrippe(n) und kommt das Wort Jahreskrippen offensichtlich nicht vor.

Recht aufschlussreich erscheint aber ein spezieller Aufsatz von Alois Molling mit dem Titel „Von der Weihnachtskrippe zur Jahreskrippe", der in einem Sammelband zur österreichischen Volkskultur 1947 zwar Grundsätzliches anführt und viele Beispiele schildert, aber zur Entstehungszeit der eigentlichen Jahreskrippen nichts Genaueres nennt. Ohne Quellenangaben führt Gerhard Bogner in seinem neuen Krippenlexikon (2003, S. 294) zum kurzen Stichwort Jahreskrippen an: „Neben italienischen ist eine der ältesten Jahreskrippen von 1600

Geburt, Tod und Auferstehung Jesu (Bad Tölz) ▶

JESUS CHRISTUS
GOTTES SOHN

ALS MENSCH
GEBOREN
GEKREUZIGT
GESTORBEN
AUFERSTANDEN
VON DEN TOTEN

EIN LEBEN
FÜR UNS
MENSCHEN

Taufe Jesu (Dingolfing)

aus der Gegend von Altötting bekannt…". Seit etwa der Mitte des 18. Jahrhunderts sind allerdings nicht wenige Jahreskrippen nachweisbar. Als berühmteste gilt die Jahreskrippe, die der Brixener Fürstbischof Karl-Franz Graf Lodron von Augustin Alois Probst (1758–1807) schnitzen ließ und die sein Halbbruder Josef Benedikt (1773–1861) vollendete. Die mehr als 5000 Figuren zu über fünfzig Szenen können im Diözesanmuseum Brixen besichtigt werden.

Keine Akzeptanz für Umbenennungen

Wiederholt äußerten sich Zweifel und Bedenken beim Bayerischen Krippenverband, ob der Begriff Jahreskrippen passend gewählt oder missverständlich sei. Die Kritiker und Skeptiker führten vor allem an: „Das Wort Krippe sollte nach Möglichkeit dem Weihnachtsfestkreis vorbehalten bleiben." (KF 12/122 1952, S. 68) Bei der Landestagung 1952 schlug der Vorsitzende, Stadtpfarrer Johann Freitag (Nürnberg), deshalb vor, einen neuen Namen zu suchen. „Zur Aneiferung für einen Wettbewerb" stiftete Domkapitular Luible (Augsburg) drei Preise für 60, 25 und 15 DM. Die Einsendungen wurden von einem dreiköpfigen Ausschuss beurteilt. Das Ergebnis erscheint in mehrfacher Weise unerwartet und wurde im Mai 1953 in der Verbandszeitschrift Nr. 124 veröffentlicht. „Die Teilnahme am Wettbewerb ‚Umbenennung der Jahreskrippen' war überraschend lebhaft. Es wurden 38 Vorschläge eingereicht. Nur wenige Bei-

spiele mögen die Vielfältigkeit der Gesichtspunkte veranschaulichen: Evangelienbildschau, Bibelpanorama, Erlösungsschau, Plastmassorette [etwa: plastisches Darstellen von Bibeltexten], Kirchenjahrbilder, Gloria Dei-Bühne, Schaubibel, Heilsschau." Das Preisgericht entschied jedoch nach „eingehender Prüfung der Vorschläge", dass „für das überall bekannte, längst eingebürgerte und leicht verständliche Wort ‚Jahreskrippe' ein vollgültiger Ersatz nicht gefunden wurde." Fast 20 Jahre später wurde die Thematik in einem längeren Aufsatz wieder abgewogen. Der Autor, ein Tiroler Krippenfreund, meinte, dass „alle heutigen Begriffe, Vorstellungen und Definitionen über Sinn und Zweck der Krippe unzureichend sind und dem Zeitgeiste immer wieder unterliegen." Für die sogenannte Jahreskrippe einen Sammelnamen suchen zu wollen, sei „unnütze Mühe und wäre eher hemmend als fördernd". (KF 3/199 1972, S. 10ff) Kein echter Grund würde diese Bezeichnung rechtfertigen. Vermutlich ist später die öffentliche Diskussion über eine Umbenennung nicht mehr geführt worden.

Für und wider die Jahreskrippe

Zweifellos ist die Weihnachtskrippe nicht nur ursprünglicher, sondern bis heute noch vielfach zahlreicher, bekannter und beliebter als etwa die Passionskrippe oder die Jahreskrippe. Noch im Jahr 2000 bedauerte beispielsweise Siegfried Schmeller (Bad Tölz), dass der Bayerische Krippenverband „ein ausgesprochener Weihnachtskrippen-Verein" sei und fragte sich: „Warum beschränken sich so viele Krippenbauer nur auf das Weihnachtsevangelium und vielleicht noch auf die Kindheitsgeschichte? Die Geburt Jesus ist doch erst der Anfang der Erlösung." (KF 9/313 2000, S. 322f) Erich Lidel, bis November 1998 fast 30 Jahre lang Verbandsvorsitzender, antwortete ihm behutsam, gab „zwei gewichtige Gründe" für die Begrenzung auf das Weihnachtsevangelium an (in winterlichen Jahreszeit mehr Rückzug „in sich selber" sowie mehr menschliche Erfahrung mit der Geburt), meinte aber auch: „Die Erbauer von Jahreskrippen schauen gerne etwas von oben herab auf die ‚Weihnachtskrippen-Bauer'."(ebenda S. 223 ff) Spürt man da nicht Skepsis, bei anderen Krippenfreunden sogar Ablehnung?

Zum Für und Wider zu Jahreskrippen kann man in der Zeitschrift des Bayerischen Krippenverbandes, deren erste Nummer im Juli 1917 erschien, direkt oder indirekt einiges finden. Das Wort „Jahreskrippe(n)" taucht (laut Digitalisierung aller Hefte bis Dezember 2015) in 152 von 374 Ausgaben auf. Erstmals wurde eine Jahreskrippe 1929 erwähnt, die in Augsburg stand: „Eine Glanzleistung war die Erarbeitung einer Jahreskrippe für Hl. Kreuz. Sie soll ein Vorbild sein für alle jene, die sich mit dem praktischen Krippenbau befassen wollen. (KF 3/4/62 1929, S. 29)

Zu den engagierten Befürwortern der Jahreskrippen gehören – neben ihren Gestaltern – auch mehrere Krippenfreunde, die sich direkt als Autoren in der Verbandszeitschrift äußerten oder zitiert wurden. Wiederholt bemühte sich beispielsweise der „Krippenpatriarch", Kapuzinerpater Oderich Heinz (1878-1972), die „rechte Hand" des Verbandsgründers Alois Burger, „mit besonderem Eifer um die volkserzieherische Auswertung der Jahreskrippe" (KF 9/133 1955, S. 59) und „empfahl die Aufstellung von Jahreskrippen als Glaubensverkünderinnen" (KF 3/167 1964, S. 24). Ein längerer Artikel reflektierte 1965 darüber, „warum und wie ich die Jahreskrippe von St. Max [München] modern baue". Oder 1973 konnte man über „Das Gute einer Jahreskrippe" lesen. Bei der 55. Landestagung 1986 stand als Antrag die „Förderung der Jahreskrippen" auf dem Programm. Besonders engagierte sich Siegfried Schmeller für die Jahreskrippe, etwa mit Artikeln „In jedem Ort mit einem Krippenverein eine Jahreskrippe" (KF 9/313 2000, S. 322f), „Plädoyer für die Verkündigung des Glaubens" (KF 6/336 2006, S. 46ff) oder „Nicht leichte Aufgabe, aber starke Motivation" (KF 3/359 2012, S. 5ff). Unter der Überschrift „Das Herz anrühren – Auf dem Weg zu einer modernen Jahreskrippe" reflektierte Annette Krauß (München) zum Thema (KF 3/359 2012, S. 6ff) und entwarf in drei Folgen „Das ABC der Jahreskrippen", geordnet nach den kirchlichen Lesejahren (Hefte Dezember 2016, März und Juni 2017). Sein Vorwort im Märzheft 2012 begann Verbandspräsident Martin Martlreiter mit der Frage „Jahreskrippen – heute noch ein Thema?", antwortete mit „Jahreskrippen sind ‚in'" und begründete das ausführlich. Seit Jahren setzte sich Schriftleiter Guido Scharrer besonders für die Jahreskrippen ein und stellte dazu auch zwei ausführliche Tabellen zum bayerischen Raum in den Juni-Heften 2012 und 2014 zusammen.

München auch Hauptstadt der Jahreskrippen

Die meisten Jahreskrippen in Bayern – wen wundert es – sind in der Landeshauptstadt München zu sehen. „Es gibt … keine Stadt, in der das ganze Jahr über in so vielen Kirchen Jahreskrippen zu finden sind", betonte 1987 Verbandsvorsitzender Erich Lidel. (KF 9/261 1987, S. 2) „In allen Münchner Kir-

Bäuerliches Paar (Gößweinstein) ▲

Städtisches Paar (Cham) ▼

Abschied Jesu von seiner Mutter (Schwandorf)

chen sind Krippen, meistens Jahreskrippen, zu sehen", hieß es zwei Jahre später. (KF 12/270 1989, S. 24) Nach dem Ende des NS-Regimes hatte Kunstmaler Wilhelm Lessig (1885-1956) als erster die Jahreskrippe wieder gepflegt. (KF 3/135 1956, S. 14) Er vereinfachte und verbilligte mit seinem Baukastensystem auch das Umstellen von Szenen. Vor allem in den 1950er und 60er Jahren wurden mehrere Vorträge, teils kombiniert mit der Diaserie „'Das Leben Jesu' aus Münchner Jahreskrippen", angeboten. Ab 1972 trafen sich die Betreuer der Jahreskrippen für einige Zeit regelmäßig. Im kleinen „Handbuch für Krippenfreunde" wurde 1967 eine Liste zu kirchlichen und häuslichen Jahreskrippen abgedruckt, wiederholt wurden in der Verbandszeitschrift erweiterte Listen veröffentlicht, so 1977, 1987 und 2001. Mitunter wurden bis zu 25 Jahreskrippen in der Landeshauptstadt und etwa zehn in der Umgebung aufgezählt. „Vier Münchner waren es vor allem, die in der Nachkriegszeit für die Wiederbelebung der Jahreskrippen sorgten: der Maler und Bildhauer Theodor Gämmerler [1889-1973], Wilhelm Döderlein [1903-1964], der langjährige Leiter der Krippensammlung im Nationalmuseum, [Pfarrer] Hans Schäfer [1909-1996], der … sich einen legendären Ruf als

Krippenbauer erwarb, und schließlich der Krankenhauspfarrer von Haar, Josef Radecker [1905-1991], den nicht nur die Liebe zum Krippenbau zur dauerhaften Beschäftigung mit den biblischen Themen trieb, sondern auch die Erkenntnis, daß vor allem die Langzeitpatienten der Klinik aus dem Betrachten der Krippenszenen therapeutische Hilfen erhalten konnten." (KF 9/261 1987, S. 5) 2017 gibt es über 30 Jahreskrippen in der Landeshauptstadt.

Unterschiede Weihnachtskrippe – Passionskrippe – Jahreskrippe

Meist haben sich Jahreskrippen aus Szenen einer Weihnachtskrippe entwickelt, die zunächst um Darstellungen einer Passions- oder Fastenkrippe erweitert wurde. Viele Weihnachtskrippen sind erst nach Jahren oder Jahrzehnten zu einer beträchtlichen Figurenzahl angewachsen, sodass sich mehrere Szenen ablösen konnten.

Im Allgemeinen unterscheiden sich die Weihnachtskrippen von den Passionsoder Fastenkrippen in mehreren charakteristischen Merkmalen: Die Weihnachtskrippe erscheint lieblicher und fröhlicher, orientiert sich nur hauptsächlich an der Bibel, umfasst weniger Szenen und weist oft recht phantasievolle Architektur auf. Vor allem die Figuren sind heimatlich oder orientalisch gestal-

▼ Christus am Ölberg (Gößweinstein)   Jesus vor Pilatus (Abensberg) ▶

Frauen vor dem leeren Grab (Füssen)

tet. Beim Betrachter werden meist Freude und andere Gefühle ausgelöst, er kann sich mehr mit den Motiven identifizieren, der Krippenbesuch wird vielleicht zum „aktiven religiösen Erlebnis".

Die Darstellungen der Passionskrippe wirken ernster und dramatischer, herber und nüchterner, richten sich intensiv nach der Bibel und können bedeutend mehr Einzelszenen zeigen. Figuren, Architektur und Landschaft sind fast nur orientalisch gestaltet. Der Betrachter soll mitleiden (Compassio), identifiziert sich aber nur selten mit den Geschehnissen. Bei ihm dürfte häufig eine Sinnsuche oder eine (kritische) Beschäftigung mit dem Glauben aktiviert werden. Je nach Szene vereint die Jahreskrippe all diese Eigenschaften und erweitert sie inhaltlich beträchtlich bis zu fast grenzenlos erscheinenden Möglichkeiten der Darstellungen. Für manche wirkt sie insgesamt mehr belehrend als beschaulich. Außerdem entdeckt man nicht selten Jahreskrippen, die – aus verschiedenen Gründen – für die Weihnachtszeit andere Figuren und Gebäude verwenden als für das übrige Kirchenjahr, meist erklärbar aus der Entwicklungsgeschichte der Krippe.

Spezielle Anforderungen an den Betreuer

Vom engagierten Betreuer einer Jahreskrippe wird nicht wenig verlangt. Er sollte relativ gute Kenntnisse der Bibel besitzen oder sich entsprechend theologisch beraten lassen. Auch ernstzunehmende Krippensymbolik und kennzeichnende Attribute bestimmter Personen sollten ihm nicht fremd sein. Einfallsreichtum und Fantasie zur Weiterentwicklung und Neuaufstellung von Szenen sollten gepflegt werden. Vor allem aber müsste die Fähigkeit zur Betonung der Aussage der jeweiligen Szene vorhanden sein oder entwickelt werden. Dazu gehören nicht nur die überlegte Bereitschaft und ein gewisses Talent für „theatermäßiges" Inszenieren – ein „weites Feld" –, sondern handwerkliches und technisches Geschick. Das Verfassen erklärender Texte, wie Bibelzitate mit einer theologisch und eventuell auch volkskundlich-historischen Kurzinterpretation, erleichtert dem Betrachter das Verstehen, wenn sie nicht zu lang und kompliziert formuliert sind. Oft lösen sich diese vielfältigen Aufgaben besser, wenn der Hauptbetreuer von Helfern unterstützt wird.

„Für einen langjährigen Krippenbauer ist es eine große Freude und Ehre, eine Jahreskrippe neu zu konzipieren und in die Tat umzusetzen", urteilte der frühere Verbandsvorsitzende Erich Lidel. (KF 9/285 1983, S. 11) Als besondere Motivation wird von Gestaltern einer Jahreskrippe immer wieder die Freude betont. Siegfried Schmeller, unermüdlicher Werber für die Jahreskrippe, empfindet das persönlich so: „60 % Freude am Glauben und der Wunsch, dieses Geschenk weiter zu geben. Wenn der Glaube nicht Haupttriebkraft ist, ist es kaum zu schaffen, über Jahrzehnte diese Arbeit g e r n zu tun. 30 % Freude am Krippenbauen mit all den Steigerungen, die man dann erreichen darf. Dazu gehört auch, dass man die eigenen Erfahrungen weitergeben kann. 10 % Freude am gestalterischen Ausprobieren, am Suchen nach neuen Wegen und am Arbeiten in einer guten Gemeinschaft." (KF 3/359 2012, S. 5) Andere Betreuer von Jahreskrippen heben beispielsweise hervor: „Volle Erfüllung" der Aufgabe der Verkündigung, vermehrte Kontakte mit anderen Krippenfreunden und damit neue Anregungen, Weiterentwicklung und Variation der Szenen und dadurch Vermittlung von Freiheiten. Betont werden vor allem positive Reaktionen der Betrachter. Auch ist die Jahreskrippe wegen ihrer erzählenden Struktur dazu geeignet, die autokommunikativen Prozesse, also das Selbstgespräch, mit der Glaubensverkündigung zu verschmelzen.

Neben vielen anderen Krippenfreunden betreuen und gestalten heute vor al-

Mutter mit Kindern vor Marienbildstock (Füssen) ▶

Geleit des Schutzengels (Füssen)

lem Thomas Huber (Regensburg), Franz und Elisabeth Karl (Straubing), Annette Krauß (München), Franz Nagel (Füssen), Raimund und Christine Pöllmann (Schwandorf), Peter und Edith Reus (Altdorf), Siegfried und Gerhild Schmeller (Bad Tölz) und Norbert Tuffek (Werdenfels) besondere Jahreskrippen.

Vielfältige und wechselseitige Bedeutungen

Auch die Bedeutung der Jahreskrippen ist ziemlich vielschichtig. Wie alle anderen Krippen, besonders in Kirchen, haben Jahreskrippen primär einen Verkündigungsauftrag. „Nicht nur für unsere Kinder, die in biblischer Geschichte oft ein Riesendefizit haben, ist so eine bildhafte Verkündigung sehr lehrreich, sie dient nicht selten auch Erwachsenen zur kurzen Meditation", betont Schmeller (KF 6/336 2006, S. 47), der außerdem glaubt: „Wie bei einer Predigt, wo man oft von einem einzigen Satz getroffen wird, kann auch die Gestaltung oder auch nur eine Szene daraus im Leben hilfreich sein und Gutes bewirken." (KF 9/313 2000, S. 322) Jahreskrippen seien ein „Echo urmenschlicher, religiöser Lebenserfahrung", besäßen in der Gestaltung die „Freiheit der Kinder Gottes" (KF 3/359 2012, S. 2) und die Sinnhaftigkeit der Szenen seien für den Betrachter eine Deutung des liturgischen Jahres und der christlichen Existenz und zugleich „visuelle Vergegenwärtigung" (KF 3/383 2013, S. 2), ergänzt Verbandspräsident Martin Martlreiter. Jahreskrippen können auch als Schauerlebnis gewertet werden, das neue Gedanken und Gefühle auslöst und

für manchen vielleicht zum Lebensbegleiter wird. (vgl. Aufsatz von Wolfgang Hammer) Sogar der aufmerksame Gelegenheitsbesucher oder Tourist wird, wann immer er kommt, mit dem Verkündigungsauftrag konfrontiert, ob christgläubig oder nicht. Außerdem dürfte eine Jahreskrippe für manchen vielleicht einen besonderen Anziehungspunkt oder ein spezielles Schmuckstück der Kirche bilden. Und für Krippenfreunde bieten sich hier zusätzliche Möglichkeiten zu Krippenfahrten in den sommerlichen Monaten.

Hoffnungen für die Zukunft

Es täuscht wohl nicht: Während heutzutage – jedenfalls in Bayern – das allgemeine Interesse an der Krippenkultur sinkt, hat die Zahl der Jahreskrippen etwa seit den vergangenen zwei Jahrzehnten zugenommen. Die Besucherzahlen bei fast allen Krippenausstellungen haben sich deutlich vermindert, die Krippe wird vor allem durch kommerziell gesteuerte pseudonostalgische und modernistische Tendenzen und unverkennbarem Wertewandel immer mehr verdrängt. Aber: „Wer meint, dass Jahreskrippen sich überlebt haben, der muss nur einen kleinen Klick im Internet wagen. Auf die Suchfrage ‚Jahreskrippen' spuckt der Computer ein reichhaltiges Ergebnis aus", stellt Verbandspräsident Martin Martlreiter fest. (KF 3/359 2012, S. 2) Ihre Anzahl ist wesentlich größer, als man gewöhnlich so glaubt, und nicht wenige neue Jahreskrippen sind entstanden oder erlebten eine Renaissance, stoßen manchmal in „eine neue Welt" (KF 6/368 2014, S. 34) vor. „Der Gedanke der Jahreskrippe, also besonders die Darstellung des Lebens Jesu über das Kirchenjahr verbreitet sich immer mehr." (KF 6/376 2016, S. 45) Zu den üblichen Jahreskrippen werden in Kindergärten und Schulen manchmal auch Bibelfiguren als Jahreskrippen aufgestellt, im Internet findet man sogar ein Arbeitsblatt zur „Jahreskrippen-Werkstatt", 24 Bildkarten „Unsere Jahreskrippe", einen Jahreskrippen-Kalender oder „10-Minuten-Andachten zur Jahreskrippe".

Insgesamt betrachtet: Wird die Jahreskrippe zu einem „bedeutenden Weg im Krippenbau"? (KF 9/313 2000, S. 326) Ein hochengagierter Krippenfreund appelliert: „In jedem Ort mit Krippenverein eine Jahreskrippe wäre für mich der notwendige Wahlspruch für die Zukunft." (KF 9/313 2000, S. 322). Und ein anderer prophezeit im Spätsommer 2017: „Der schon öfter totgesagten Krippe ist keine Zukunft gegeben worden. Die Öffnung zur Jahreskrippe wird ihr neues Leben schenken." Orientiert sich die Krippenkultur der Zukunft noch stärker an der Jahreskrippe?

Wolfgang Hammer

Wandel durch Stabilität

Jahreskrippen als Lebensbegleiter

Angst ist ein Grundgefühl, das allen Menschen gemeinsam ist: Angst vor Krankheit, vor den Mitmenschen, vor der Natur, vor dem eigenen Körper, vor der eigenen Seele, vor der Zukunft – Angst vor dem Tod, Angst vor Gott.

Der heilige Ort

Angst triebe die Menschen in Panik sinnlos herum, ließe sie einander abschlachten oder in Todesstarre verfallen, ließe die Erde eine Welt des Teufels werden, gäbe es nicht auch Zeiten, Räume und Taten der Heilung und des Heils: die Welt Gottes.

Ein Blick zum Weltall weckt Hoffnung: Die Sonne geht auf und unter, jeden Tag, zuverlässig. Nach dem Winter kommen Frühling, Sommer und Herbst. Man pflanzt Samen, die Blumen blühen und verblühen: Geburt und Tod. Diese Gewissheiten schaffen einen Rahmen für die Menschen, in denen sie in Sicherheit und Berechenbarkeit agieren können. Das Chaos erscheint als Kosmos.

Einmal muss sich im Menschen etwas geregt haben, was man mit Sehertum, Weisheit, Erkenntnis, Liebe benennen könnte. Da entwichen Körpergefühl und Seele dem bedrückenden irdischen Zustand und fühlten, der realen Welt „entrückt" zu sein. Eine Parallelwelt öffnet sich, wenn man nicht mehr vom bunten Treiben der Welt mitgerissen wird, sondern bewusst Ruhe sucht und Kontemplation. So mögen unsere Vorfahren durch Wiederholen dieses Erweckungserlebnisses entdeckt haben, dass an diesem Ort, zu dieser Zeit, in dieser Haltung ihre Angst geringer wurde und ihre Lebenskraft wuchs.

Das waren heilige Orte, von denen aus sie die Welt als Kosmos betrachten, von denen aus sie die Menschen als gut bezeichnen und die Natur als grandiose Schöpfung verehren konnten. Stonehenge, der Apollo-Tempel in Delphi, der Petersdom, der Louvre oder die Elbphil"harmonie". An solchen Orten, oft gekoppelt mit bestimmten Zeiten und Verhaltensweisen, erschließt sich einem die Parallelwelt, das Göttliche.

Das Numinose manifestiert sich in Symbolen, um Orte, Zeit oder Verhalten zu bezeichnen. Hier könnte man leicht aus der profanen Welt in die heilige Welt Gottes gelangen, versprechen sie. Ein Wegkreuz verlangt das Abnehmen des Hutes und ein kurzes Gebet: Die Reise wird unterbrochen, um die Seinssicherheit zu kräftigen. Der ruhige Raum für die Zen-Übungen ist Voraussetzung für die Entpersönlichung. Die Bindungen an die reale Welt verschwinden, und man erlebt das Nirwana.

Die Heiligung

Aus dem Chaos der Urwelt kam der Mensch und verzauberte die Welt (Jörg Lauster). Bestimmte Orte erlebte er in besonderer Weise und sakrifizierte diese Orte. Er verwandelte das Tohuwabohu in einen „heilen" und „heiligenden" Lebensraum. Intensiv begegnet man der Territorialisierung der Welt durch Religionen in Bayern mit einem ausdifferenzierten Netz an Wegkreuzen, Totenbrettern, Kirchen, Kapellen, Kalvarienbergen. Hier ist Christenland, verkünden die Symbole, hier führt der Weg zu Gott, hier schützt dich Gott.

Nicht nur in der Natur fand diese Sakrifizierung des Alltags statt, sondern auch innerhalb von Gebäuden. Weihwasserkessel gab es in jeder Wohnung, das geweihte Palmzweiglein hing im Kreuz des Herrgottswinkels und der Rosenkranz lag mit dem Gebetbuch auf dem Nachtkästchen (oder einem anderen „besonderen" Ort).

Die Weihnachtskrippe

Tief empfindet der gläubige Christ die Glaubens- und Lebensstärkung an der Weihnachtskrippe. Durch ihre Dreidimensionalität gewinnt sie den Zuschauer durch unmittelbares Erleben für den Übergang in die religiöse Sphäre. Neben der Betrachtung wirkt vor allem das Bauen und Inszenieren von Krippen auf die Lebendigkeit des Glaubens, da der Mensch mit allen Sinnen an die religiöse Aufgabe gefesselt ist. Somit ist in idealer Weise die Betreuung von Krippen ein den ganzen Menschen erfassendes Geschehen, das profane und religiöse Dimensionen vereinen möchte.

In diesem Gesamtzusammenhang muss man eine Betrachtung der Wirksamkeit von Jahreskrippen stellen. Die motivierende theatralische Darstellung ihrer Stationen bindet die Menschen an das Schauerlebnis und lässt ihn auf leichte Weise in Glaubenssphären gleiten. Der „Genuss" der Wirkung eines heiligen Ortes, einer heiligen Zeit oder einer heiligen Handlung enthebt nicht der Aufgabe, diesen Prozess genauer zu beschreiben und damit tiefer in die Bedeutungsschichten der Jahreskrippe zu gelangen.

Die Jahreskrippe

Die Jahreskrippen eignen sich hervorragend als Beispiel, wie religiöse Territorialisierung den Menschen durch ein Netz symbolischer Zeichen in vielen Lebenssituationen Kraft schenkt. In der Reihung von punktuellen religiösen Kraftquellen, den Stationen, spenden Jahreskrippen in der Abfolge von Geschichten einen stabilen Rahmen, innerhalb dessen Veränderungen möglich sind. Sie verkörpern den Wandel, die Reifung der Persönlichkeit, die das stabile Glaubensgerüst für den inneren Halt benötigt. Der Weg mit der Jahreskrippe durch die zwölf Monate wird zum Weg durch das Leben Christi und damit zum eigenen Leben.

Die Jahreskrippe ist dem weltlichen Jahreslauf zugeordnet. Dem profanen Geschehen wie Säen und Ernten auf der Alltagsschiene stehen religiöse Inhalte zur Vertiefung gegenüber. So beginnt man mit der Zeit der Erwartung (Adventszeit) nach dem Herbst auf das längere Erscheinen der Sonne mit der Geburt Christi (Weihnachtszeit). Dieser folgen die Fastenzeit und die Osterzeit. Dann kommen die Festtage, Himmelfahrt, Pfingsten usw., die sogenannte Sommerkrippe.

Im Unterschied zur Weihnachtskrippe liegt ein Hauptaugenmerk bei der Jahreskrippe auf der Veränderung. Versichern die meisten Symbole Stabilität, so verspricht die Jahreskrippe Abwechslung. Damit geht automatisch eine Erweiterung des „weihnachtlichen Grundgefühls" einher. Jede neue Szene schafft neue Gedanken und Gefühle. Jede Szene birgt in sich einen anderen Weg zum Göttlichen. Damit erfasst die Jahreskrippe wie keine andere kirchliche Symbolik viele Persönlichkeitsbereiche des Menschen.

Die Reise

Die Jahreskrippe erzählt vor allem den Weg Jesu von der Geburt bis zum Tod und zur Himmelfahrt. Jede Szene hat dabei nicht nur eine Stellung im Lebenslauf. Jede besitzt eine eigene Bedeutung, die den Betrachter auf den Weg zu einem tieferen Glauben leitet. Die allgültige Erlösung von den Sündenstrafen durch den Tod in der Passionskrippe zeigt, dass es jenseits des Leidens eine Erlösung gibt. Aus dem Dilemma von Kana, geizige Wirte zu sein, hilft das Vertrauen auf Jesus. Der pfingstliche Geist stärkt die Erkenntnisfähigkeit. So gestalten die Erbauer von Jahreskrippen ein Stationendrama, das eine Lebensgeschichte erzählt, deren Sinn darin besteht, beim Betrachter Zukunftszuver-

◄ David und Goliath (Straubing, Jesuitenkirche)   Die drei Bresthaften (Behinderte): Der Kropferte, der Torerte und der Schiefhals (Straubing, Jesuitenkirche) ▶

Geburt Christi (Abensberg) ▲

Heilung des Aussätzigen (Füssen) ▼

zicht zu stärken. Mögen Krippenbauer Szenen aus dem Neuen Testament (auch aus dem Alten) auswählen, sie verkünden damit immer eine Botschaft an den Betrachter, ein hidden curriculum. Hinter der Erzählung und in ihr steckt Lebenshilfe für ein christliches Leben. Insofern könnte man Jahreskrippen durchaus als Entwicklungsroman ansehen. Die Lebensreise als Christ zu unternehmen, bieten Jahreskrippen Rat und Ermunterung.

Das Erzählen

Man mag Jahreskrippen nicht mit Seifenopern oder Fortsetzungsromanen vergleichen; gemeinsam ist beiden jedoch eine Sammlung von Erzählungen, die einen Tag für Tag/Woche für Woche begleiten. Sie bilden damit einen roten Faden, der dem Leben thematisch einen Sinn gibt und der durch die Verknüpfung der Tage eine (Schein)Sicherheit von Routine vorspiegelt: Es wird morgen wie heute und gestern sein und die Katastrophen werden mit den üblichen Mitteln behoben oder auch nicht. Weltzuverzicht around the clock.

Die Bedeutung der Herstellung einer festgefügten Geschichte, die nicht der erfahrenen Wirklichkeit entspricht, ist für die Lebenspraxis überlebensnotwendig. Hätte der Mensch sie nicht, müsste er verzweifeln. Dieses mentale Gefüge schenken die Mythen und stellen des Menschen Lebenstapferkeit her. Sie beantworten die Fragen: Woher komme ich, wohin gehe ich und was soll ich tun? Die Verbindlichkeit dieser Aussagen legt eine Basis für die Stabilität des Lebens von verunsicherten Menschen.

Die Jahreskrippen sind unter diesem Aspekt ein hervorragendes Mittel, als Wegbegleiter die Menschen durch das Jahr und durch das Leben zu führen. Durch ihre beständige Anwesenheit (Aufstellung), durch den Wechsel von Szenen und der inhaltlichen Vermittlung einer christlichen Lebenslehre kann die Bedeutung von Jahreskrippen nicht hoch genug eingeschätzt werden. Wird ihre Wirksamkeit bisher nicht etwas unterschätzt?

Martin Martlreiter

Jahreskrippen – Gottesbilder
Eine Choreographie der Heilsgeschichte

Bild und Schauspiel gehörten nicht selbstverständlich zu den Medien christlicher Liturgie und Verkündigung. Mit Argwohn betrachtete man das Bild als Götzen und das Theater als Ort der Eitelkeit und Vergänglichkeit, das den Menschen von jeder ernsthaften Suche nach Heil ablenkte (Tertullian, Augustinus u. a.). Dennoch entwickelte sich in der Kirche des Mittelalters eine umfangreiche Theaterpraxis (Oster-, Passions-, Weihnachts- und Mysterienspiele).

An der Wende zur Neuzeit kam es zu gesellschaftlichen Veränderungen, die alle Lebensbereiche erfassten. Der mittelalterliche Mensch emanzipierte sich von der alten Ordnung. Altes und Neues, Tradition und Reformation standen sich gegenüber. Das Abendland befand sich in einer großen Sinnkrise. Die Jesuiten, die zu den Hauptakteuren dieser Umwälzungen zählten, griffen mit allen Mitteln in diese Entwicklungen ein. Sie nutzten die Möglichkeiten ihrer Zeit und setzten die neueste Didaktik um. Diese Sinnes- und Geisteserkenntnis spiegelt sich im Schau-Spiel wie in der Schau-Freude. 1599 wurde in der Schulordnung (Ratio Studiorum) das Schultheater festgeschrieben.

Krippen, ein Medium dieser „modernen" Didaktik, entwickelten sich als „gefrorenes" Theater zu erfolgreichen Botschaftern der biblischen Verkündigung. Die Jahreskrippen wiederum, die daraus hervorgingen, orientierten sich am Festzyklus des römischen Kalendariums. Diesem Lauf des Werdens und Gewordenseins widmen sich diese Zeilen.

1. Die frühchristlichen Dogmen mit dem nicäischen Glaubensbekenntnis „wahrer Gott vom wahren Gott … hat Fleisch angenommen …" stehen hier explizit im Blick. Der unsichtbare Gott wird sichtbar, das Bild des Unfassbaren fassbar. Die Freude am Bild, an der Repräsentation des Göttlichen explodiert. So kam es bereits in dieser Zeit (8. und 9. Jahrhundert) zu einem verheerenden Bildersturm. Wertvolles Kulturgut wurde zerstört, unzählige Ikonen fielen der Vernichtung zum Opfer, bis sich wiederum eine nüchterne Sicht durchsetzte.

2. Die Bilder waren vorerst „gerettet". Sie blieben Bezugspunkt frommer Betrachtung und geistlicher Verinnerlichung. Mit der Mystik des Mittelalters und ihren Visionen wollten die Menschen das unendliche Geheimnis Gottes begreifen. Die Bilder wurden zum nonverbalen Instrumentarium christlicher Schaufrömmigkeit. Die Liturgie, die Kunst der Romanik und Gotik stehen für diese Prozesse. Die Mysterienspiele in ihrer konkreten und fassbaren Darbietung vergegenwärtigten das Evangelium. Die Fülle der mittelalterlichen Kunst, ob Bild oder Skulptur, wie Reliquienverehrung und unkritische Heiligenverehrung neben übertriebener Wundersucht weckten Widerspruch und Ablehnung. Erneut kam es zur großen Krise des Bildes. Die Reformation mit ihrer Bildkritik und Präferenz des Wortes entfachte nochmals einen Sturm der Ablehnung und Zerstörung kultischer Bilder und Repräsentation.

3. In diesem Spannungsverhältnis zwischen Begeisterung und Ablehnung entstand eine bisher nicht dagewesene Form von visueller Darstellung und geistlicher Annahme der Hl. Schrift in Form der KRIPPE, besonders in der Folge die Jahreskrippen. Vornehmlich wurden die Jesuiten die Propandisten dieser neuen Bewegung. Die Krippen waren ein optimales Werkzeug der Verkündigung, der Vergegenwärtigung und der mitfühlenden Katechese einer sehr modernen Glaubensunterweisung. Andere Ordensgemeinschaften griffen diesen Ansatz ebenfalls auf. Die Jahreskrippen erwiesen sich hier zyklenhaft als belehrende Pädagogen, die man als barocke Vorläufer moderner Massenmedien bezeichnen darf. Die figürliche Inszenierung musste nicht erfunden werden, sondern man griff auf bereits existierende Modelle und Formen zurück.

4. Nach der Krise der Aufklärung mit den Krippenverboten kam es zu einer neuen Renaissance der (Jahres-)krippen, die in der Romantik und im Historismus ihre Unterstützer fanden. Federführend lieferten die Nazarener, die Archäologie und der noch vorhandene Bestand historischer Krippen einen neuen Anfang. Die grandiosen Krippen Osterrieders und Zehetbauers repräsentieren stellvertretend diese sehr inspirative und kreative Zeit. Dieses Krippenmodell steht für Authenzität und historische Originalität.

Die Krippe lebt. Sie ist im lebendigen Austausch mit den Strömungen der Zeit, die sie kritisch in Frage stellen, aber genauso enthusiastisch feiern. Überzeugende Krippenbauer des zwanzigsten Jahrhunderts wie Gämmerler und Radecker mögen stellvertretend für die vielen genannt werden, die Jahreskrippen

Jesus der Kinderfreund, Krippe von Theodor Gämmerler

fen weiterzukommen. Jede Vorstellung kann daher nur ein Schatten, eine Reflexion der größeren Erkenntnis sein, denn in der Facette spiegelt sich nur ein Teil des Ganzen. „Die Gefahr der ‚abstrakten' Kunst ist der Verlust an Konkretion, die der Glaube braucht, die Auflösung der Christologie ins allgemein Religiöse, ins universal Geistige. Diese Gefahr aber ist die Schwester der großen Möglichkeit: Jesus nicht auf ein Bild festzulegen, sondern in seinen Bildern das Bild des unsichtbaren Gottes widerzuspiegeln – bis wir [ihn] ‚von Angesicht zu Angesicht schauen werden' (1 Kor 13,12)."[1]

„... Bild des unsichtbaren Gottes" (Kol 1,15)

In der Ikonographie erhält die Repräsentation des Transzendenten die von der Gemeinschaft der Glaubenden legitimierte Form. Diese Bilder sind in ihrer Sinnhaftigkeit von der Kirche bestätigt. Die bildliche und konkrete Darstellung bzw. Abbildung war damit bejaht. Es bedurfte aber einer langen Abklärung. Die Symbole und Bildmotive der frühen Kirche in ihrer künstlerischen Ausgestaltung standen immer wieder unter dem Verdacht des Abfalls in den Götzendienst. Das Interesse an bildlicher Darstellung der Symbole oder Bilder war daher sehr gering. Deshalb finden wir im ersten Jahrhundert kaum Symbole oder Bilder. „Die Grabmalkunst spielt in der frühchristlichen Kunst eine besondere Rolle. ... Die frühchristliche Grabmalkunst war also weitgehend volkstümlich inspiriert, darüber hinaus war sie ‚weltlich'."[2] Der Durchbruch zum Bild und zur künstlerischen Darstellung verlief über den Volksglauben und die Etablierung der christlichen Gemeinden in ihrem soziokulturellen Umfeld. Der pädagogische Wert und der Dienst an der Verkündigung des Evangeliums ebneten den Bildern den Weg zur legitimen Existenz in den Kirchen und dem christlichen Lebensraum. In einem Brief von Papst Gregor dem Großen (590 – 604) an den Bischof von Marseille lesen wir: „Die Malerei lehrt die Ungebildeten, was die Heilige Schrift die Gebildeten lehrt."[3] Die Absicht und Intention von Bild und Wort verbinden sich vorzüglich im Symbol. „Wenn das Christentum eine Kultur des Symbols entwickelt hat, so nicht als dekorative Notwendigkeit – vielmehr ist es eine philosophische und theologische Notwendigkeit

bauen bzw. sie betreuen. Welche inneren Beweggründe lassen die Krippen entstehen? Eine umfassende Aufzählung ist schwer möglich. Einige Aspekte können aber angesprochen werden: handwerkliches Können, geistliches Verstehen der Schrift, Anspruch auf religiöse Erkenntnis, Hilfe zur Willensentscheidung, persönliche Frömmigkeit, Freiheit der Glaubensentscheidung, rationales Verstehen usw.

„Herr, wir möchten Jesus sehen!" (Joh 12,21)

Mit dieser Bitte wenden sich einige Griechen an Philippus. Es ist ein zeitloser Wunsch, der die Gläubigen in jedem Jahrhundert berührt. Seit Menschen angefangen haben zu glauben, wird diese Sehnsucht in ihnen wach. Wir können nicht ohne Bilder und Vorstellungen leben. Schon im Wort Bildung entdecken wir das Bild, denn ohne Vorstellungen und Imagination gibt es kein Denken. Diese eng aufeinander bezogene Wirklichkeit befruchtet und entwickelt. So ist es nicht erstaunlich, dass die Bibel viele Bilder, aber keine Porträts Jesu entwirft. Der Neutestamentler Thomas Söding schreibt, es gäbe viele Texte im Neuen Testament, die charakterisierende Bilder Jesu zeichnen. „Diese Bilder sind vielfältig, aber nicht beliebig; sie sind eindeutig, aber nicht uniform." Es ist eben die Imagination, die dem Gottsucher hilft, in seinem Suchen und Rei-

1) Thomas Söding: Das Bild Jesu Christi im Spiegel des Neuen Testaments, in: http://www.dbk.de/fileadmin/redaktion/bildmaterial/themen/Dossier-Grabtuch_Bild%20Jesu%20Christi_Soeding.pdf (zuletzt abgerufen am 1. März 2017)
2) Gérard-Henry Baudry: Handbuch der frühchristlichen Ikonographie, Freiburg i.Br. 2010, S. 11f
3) Zit. nach ebd., S. 16

der Lehre."[4] Das Sehen wird zum Schauen und das Hören zum Gehorchen, um den Sinngrund zu heben bzw. zu verstehen.

Krippen konterkarieren diese zu allen Zeiten angesprochene Purifizierung und Abstraktion christlicher Wirklichkeiten, die eine sinnesarme Vorstellung bevorzugen. Gerade Krippen können dazu an Konkretion mehr bieten als andere bildliche Darstellungen: den Raum. Und schließt man sich dem über Grabmale Gesagtem an, so sind Krippen, und hier besonders die Jahreskrippen, mit ihrer großen Alltagsverbundenheit exzellente Repräsentaten biblischer und kirchlicher Pädagogik.

Zeugnisse der Kirchengeschichte im Laufe der Jahrhunderte: „Kommt und seht!"

Können wir Weihnachten ohne Krippe und ohne Weihnachtsbaum feiern? Gehören diese Symbole zu den „Essentials" des Festes oder sind sie beliebig ersetz- oder austauschbar? Christen leben in dieser Welt, leben aber aus der Kraft und Perspektive des Evangeliums. So müssen ihre Weisen des Christseins immer neu entdeckt und umgesetzt werden. Hier spielt dann der Kanon des Glaubens eine wichtige Rolle, weil er Orientierung und Integration schenkt. Christliche Feste haben ihren dogmatischen Grund, aus dem heraus Traditionen und kulturelle Prägungen erwachsen. Allein aus dieser Perspektive suchen Glaubensinhalte immer neu ihre Form oder ihr Bild. „So erwähnen Missale (1970/2002) und Messbuch (1975/1988) an keiner Stelle weder Baum noch Krippe, weder eine besondere Lichtfeier noch sonst irgendeinen speziellen Ritus in den Weihnachtsmessen. Im Gegensatz zu den Feiern des österlichen Triduums gestalten sie sich wie ‚normale' Festtagsmessen."[5] Krippe und Weihnachtsbaum haben in den liturgischen Büchern keinen Platz, während sie im allgemeinen Bewusstsein weit über die religiösen Grenzen hinaus das Bild von Weihnachten bestimmen. Optisch und in der Volksfrömmigkeit geben diese Traditionen nicht nur im deutschen Kulturraum, sondern überhaupt in der Weihnachtszeit den Ton an. Obwohl diese Symbole relativ spät ihre Position im Jahrbuch der Feste einnahmen, sind sie mittlerweile von familiären Weihnachtsfeiern nicht mehr wegzudenken. Dabei darf eben nicht übersehen werden, dass diese Symbolik nicht eine Adaptierung heidnischer Bräuche darstellt, sondern kulturschaffend und -prägend aus dem Wurzel-

stock christlicher Lebensdeutung erwachsen ist. Ein Verweis auf die Genese des Christbaumes[6] oder die reiche Krippengeschichte sollen dafür exemplarisch stehen. Es sind eben keine Dekorationen und Spielfiguren, sondern Sinnträger, die das Leben im neuen Licht erscheinen lassen. Der Grund dieser Symbole liegt in der Heiligen Schrift. Ihre Deutung sah sich immer dem geistlichen Anspruch des Glaubens verpflichtet. Haben daher Volksfrömmigkeit und Volksreligiosität nicht ihren legitimen Platz im Kontext der Liturgie? Wenn nach Romano Guardini das ganze Leben von der Liturgie her aufzubauen ist, dann kann Stephan Wahle gewiss den Standpunkt vertreten, dass „eine tätige, persönliche Teilnahme an der Liturgie der Kirche nicht jenseits, sondern möglichst im Austausch mit popularer Religiosität"[7] geschieht. So stehen eben liturgische Hochformen, hochtheologisch durchdrungen und kunstvoll komponiert, nicht im Widerspruch zu den emotionalen und die Sinne ansprechenden Ritualen der Zeit. Diese gegenseitige Befruchtung darf keineswegs übersehen werden, denn die Gefährdung des liturgischen Geistes mit den Begriffen von Laienfrömmigkeit und Elite-Frömmigkeit baut nicht auf, sondern setzt Grenzen und schafft Wertungen. Das fruchtbare Ineinander weckt die kultur- und kunstschaffende Energie des Glaubens.

Den Krippen, ja vorallem den Jahreskrippen, kommt hier ein besonderer Auftrag zu. In ihnen schaut der Betrachter den Glauben des Krippenbauers, der ja die heiligen Texte in Szene setzt. Wobei er nicht willkürlich die Inszenierung arrangiert, denn gläubiges Gestalten und Bilden reflektiert neben dem eigenen Glauben das Glaubenswissen der Kirche. Jahreskrippen könnten hier Pioniere sein, um für künstlerische Gestaltungskraft und volksnahes Glaubensempfinden zu sensibilisieren.

Bekenntnis der frühen Kirche zum Bild, zum geistlichen „Sehen"

Ein großes Verdienst der Konzilskonstitution „Sacrosanctum Concilium" des Zweiten Vaticanums ist es, dass die Väter des Konzils die „altehrwürdige Norm der Väter" (SC 50) als Orientierung des liturgischen „sentire cum ecclesia" ausmachen wollten. „Einen intensiven Austausch mit der religiösen Volkskunde, der europäischen Ethnologie, der Kulturwissenschaft, der Religionssoziologie oder der Frömmigkeitsgeschichte, die ihre Perspektive weniger auf Institutionen und Personen als auf das Volk und die einzelnen Menschen richten,

---

4) Ebd., S. 20
5) Stephan Wahle: Das Fest der Menschwerdung, Freiburg i.Br. 2015, S. 137

6) Vgl. Rudolf Voderholzer: „Und das Wort ist Fleisch geworden …", Regensburg 2016, S. 52ff
7) Wie Anm. 5, S. 37

hat es zur Zeit der Liturgiereform des Zweiten Vatikanischen Konzils (1962 – 1965) mehr oder weniger nicht gegeben."[8] Die nachkonzilare Zeit zeigt hier in der liturgischen Reform wenig Ansätze, diesem Auftrag der Konzilskonstitution gerecht zu werden. Umso mehr erstaunen der Wunsch und die Sehnsucht, gerade im Mittelalter und Spätmittelalter, in der Jesusfrömmigkeit die Wärme und Sensibilität menschlicher Wahrnehmung zu fördern und zu wecken. Diesem Wunsch kam man in vieler Hinsicht nach. Angefangen bei den Mysterienspielen bis hin zu den Einschüben in die Liturgie der Kirche, die mit einem katechetischen Charakter die Mysterien erklären wollten. Die Kristallisationspunkte WORT und BILD weckten in der Kirche ein jahrhundertelanges Ringen, um den rechten Weg und das richtige Verständnis zu fördern. Sowohl vor Trient (1545-1563) als auch nach dem Zweiten Vatikanischen Konzil gab es in der Kirche viele Ansätze und Impulse, dem Wunsch der Gläubigen gerecht zu werden. Dieser Weg führt, angefangen bei der Grabmalkunst, den frühchristlichen Wandmalereien (Hauskirche in Dura Europos 232/33 n. Chr.) über die Welt der Mosaike bis hin zu den mittelalterlichen Bilderzyklen mit ihren Katechesen. Obwohl es Konzilsauftrag war, hat es nach der Liturgiereform des Zweiten Vaticanums kaum einen Austausch mit der Volksfrömmigkeit, religiösen Volkskunst, Kulturwissenschaft, Religionssoziologie etc. gegeben. Bedingt entdecken wir eine Befruchtung von Kunst, Kirche und Liturgie. Anscheinend überwinden wir die Zeit der Form- und Sprachlosigkeit der letzten Jahrzehnte. Jahreskrippen eröffnen in Gemeinden, in denen sie leben, ein weites Feld der Katechese. Sie können ein lebendiges Interesse an der Bibel wecken, die Freude am Schauen aktivieren und hinführen zu einer besinnlichen Betrachtung. Beheimatet im vertrauten Raum der Kirche vor Ort stärken so die Jahreskrippen religiöses Wissen, lebendige Kultur und ein Geflecht menschlicher Beziehungen. Das persönliche Erleben bleibt eingebettet in der Gemeinschaft der Glaubenden (Kirche, Kindergarten, Schule und Familie). Diese neue Chance gilt es zu nutzen und fruchtbar zu machen. Jahreskrippen sind eben eine Hochform ekklesialen Glaubens und christlichen Miteinanders.

Im Widerstreit der Meinungen zwischen Götzenbild und „vera icona"
Jahrhundertelang wurde gerungen, ob die Bilder in der rechten Gottesverehrung ihren legitimen Platz finden können. Innerhalb der großen Religionen ha-

---

8) Ebd., S. 38.

Ikone La Madonna di San Sisto (6. Jahrhundert?) in Rom

ben sich dabei verschiedene Traditionsstränge entwickelt, angefangen beim ersten Gebot des Dekalogs mit dem strikten Bilderverbot bis hin zur reichen Kunst- und Bildwelt der Orthodoxie und der römisch-katholischen Kirche. „Die christliche Bilderverehrung widerspricht nicht dem ersten Gebot, das Götzenbilder verbietet. Denn „die Ehre, die wir einem Bild erweisen, geht über auf das Urbild" (Basilius, Spir. 18,45), und „wer das Bild verehrt, verehrt in ihm die Person des darin Abgebildeten" (2. K. v. Nizäa: DS 601) [Vgl. K. v. Trient: DS 1821-1825; 2. Vatikanisches Konzil: SC 126; LG 67]. Die Ehre, die wir den heiligen Bildern erweisen, ist eine ‚ehrfürchtige Verehrung', keine Anbetung; diese steht allein Gott zu."9 Hinter diesem Paragraphen des Katechismus verbirgt sich eine lange und manchmal sehr schmerzvolle Geschichte der Verehrung und Anbetung der Bilder bis zu deren Ablehnung und Zerstörung. Der byzantinische Bildersturm im achten und neunten Jahrhundert war nicht minder heftig wie der der Reformation, den Karlstadt mit seiner Schrift „von abtuhung der Bylder" (1522) entfachte 10 Martin Luther, konfrontiert mit der aggressiven und wilden Zerstörungswut des aufgehetzten Pöbels, vertrat in diesem Punkt eine differenziertere Position. Das Konzil von Trient bringt in dieser Hinsicht nichts Neues. Die Bedeutung des Bilderdekrets (3.12.1563) besteht darin, dass es ein Dokument der höchsten Lehrautorität ist, das inhaltlich die überkommene Bildertheologie bestätigt. Die Sprache der Bilder, der Architektur und der Kunst im Allgemeinen wird zum Unterscheidungsmerkmal zwischen den Konfessionen. Die Katholische Kirche greift dabei ganz bewusst und entschieden auf die Tradition zurück und stellt ihre Interpretation in die Zeit. Bildprogramme und die Architektur schaffen ein neues Lebensgefühl voller Freude und Zuversicht. Biblische und hagiographische Themen wecken eine enorme Vitalität im Leben der Kirche, die großartige Künstler engagiert und geistlich begleitet. Die Orden mit ihrer reichen Geschichte, insbesondere die Jesuiten als verlängerter Arm des Papstes, ermutigen mit den Exerzitien zu einer spirituellen Entscheidungsfreude und zu einem schier unvorstellbaren Einsatz. Es ist die katholische Antwort, Gegenreformation auf die Reformation, die die alte Ordnung über Bord warf. Es gab kein Zurück mehr.

Ein Vorteil des Bildhaftigkeit liegt ja darin, dass jedes Bild einen Anteil am Menschlichen hat, das das Subjekt bindet und mit dem Inhalt verbindet.

---

9) Katechismus der Katholischen Kirche, Nr. 2132
10) Andreas Bodenstein von Karlstadt: Von abtuhung der bilder und das kein bedtler unther den christen sein soll, Wittenberg 1522, in: Gottfried Boehm u.a. (Hg.): Bibliothek der Kunstliteratur, Bd. 1: Renaissance und Barock, Frankfurt a. M. 1995, S. 9-35

Anbetung der Könige, Holzrelief um 1500, in der Dreifaltigkeitskapelle Dingolfing

Durch die Inszenierungsformen der Krippen und die reichen Themen der Jahreskrippen führt über sie ein Weg hin in die (dreidimensionale) Welt Gottes.

Mystik des hohen Mittelalters JESUS MEUS (visio beatifica)

In der Waldsassener Klosterbibliothek treffen wir auf eine Beschreibung des Lebens des hl. Bernhard. Großartig schuf Karl Hofreiter aus Bayreuth 1724 in der Treue zum Glauben der Alten mit den Mitteln einer neuen Zeit einen ikonographischen Katechismus, der auf hohem Niveau die beiden mittelalterlichen Erkenntnisquellen Scholastik und Mystik repräsentiert. Der neue Weg der religiösen Erfahrung „JESUS MEUS" führt in das menschliche Lieben hinein. Der hoheitliche Gott-König wird zum Jesus. So lautet Bernhards Wahlspruch: „Jesus zu erkennen ist meine Philosophie."

Prager Christkindl aus der Barockzeit

Viele können hier in der Liste großer Gestalten des Mittelalters angeführt werden, die in besonderer Verbindung zu Jesus stehen und hier wiederum zum göttlichen Kind. „Im 14. Jahrhundert verehrt Heinrich Seuse in seiner Ulmer Klosterzelle das Jesuskind als die ‚göttliche Weisheit'. In mystischer Versenkung erlebt zur gleichen Zeit Margareta Ebner in Maria Medingen eine innige Begegnung mit dem Jesuskind."[11] Bernhard mit den Erklärungen des Hohen Liedes eröffnet als prägende Persönlichkeit diesen neuen Weg der innigen und liebevollen Verbindung mit Jesus. „Die älteste überhaupt bekannte Christkindfigur findet man in Schwaben. Sie soll der seligen Margareta Ebner (1291-1351) aus Donauwörth gehört haben, die Anfang des 14. Jahrhunderts ins damalige Dominikanerinnenkloster Maria Medingen bei Dillingen eingetreten war. Weihnachten 1344 erhielt sie eine kleine Wiege mit einem Jesuskind geschenkt. Mit diesem Kind sprach und spielte sie, es inspirierte sie zu Visionen. Auch zahl-

Höhle in Greccio, Altar mit Freskenmalereien, Ort des Weihnachtsgeschehens 1223

reichen anderen Heiligen und Seligen werden Jesuskinderscheinungen zugeschrieben: so etwa Bernhard von Clairvaux (1090-1153), Franz von Assisi (1181-1226), Gertrud der Großen (1256-1302), Birgitta von Schweden (1303-1373), Teresa von Avila (1515-1582); in Schwaben, neben der erwähnten Margareta Ebner, auch Crescentia Höß von Kaufbeuren (1682-1744)."[12] Die besonders im Mittelalter geübte Jesusinnigkeit führt konsequenterweise weiter zur Sehnsucht des Vertrautwerdens und –seins mit ihm. Die Krippen sind ja Umsetzungen mystischer Erscheinungen, die Christus in den Mittelpunkt stellen. Die vielen Situationen, in denen Christus in Jahreskrippen zu finden ist, intensivieren die Wirkung auf die Betrachter. Die visionäre und imaginative Seite menschlicher Vorstellung findet hier einen eigenen Raum.

Die Heilige Nacht von Greccio 1223

Die Heilige Nacht im Wald von Greccio gibt uns einen guten Einblick in die mittelalterliche Feier der Geburt des Herrn. Nach den Zeugnissen des Thomas von Celano († um 1260) und der verfassten Niederschrift des Bonaventura

Fatschenkindl aus Süddeutschland, zweite Hälfte 19. Jahrhundert

---

11) Der Bayerische Krippenfreund, Nr. 280, 1992, Leitwort von Erich Lidel, S. 2

12) Der Bayerische Krippenfreund, Nr. 270, Eva Gilch, Christkind-Figuren, S. 7

(† 1274) spüren wir die Intention und Sehnsucht des hl. Franz von Assisi († 1226), das Gefühl und Herz der Menschen anzusprechen. Es war ihm ein besonderes Anliegen, dass die Feier im Freien stattfindet, dass Ochs und Esel vor der „leeren" Krippe stehen, dass ein Priester darüber die heilige Messe liest. Dazu holt er sich eigens die Erlaubnis des Papstes ein, damit seine Intention nicht als eine der vielen Ketzerbewegungen seiner Zeit missverstanden werde. Franziskus fixiert sich nicht auf das Geschehen in Bethlehem, vielmehr verbindet er Bethlehem, Golgotha und Eucharistie. Es geht nicht um ein Spektakel, sondern um eine Vergegenwärtigung im Sakrament und der damit verbundenen Reaktivierung und Verwandlung der menschlichen Natur. Franziskus predigt bei dieser Feier. Seine Mitbrüder und die Bewohner dieser Gegend ziehen mit Lichtern und Fackeln den Berg hinauf zu diesem außerordentlichen Geschehen. Wenn wir dazu noch den Weihnachtspsalm des Heiligen und seiner Brüder lesen, wird uns die geistliche Tiefe und Tragweite bewusst. „Im Unterschied zu den übrigen Festkreisen sieht Franziskus also für den Weihnachtsfestkreis nur einen Psalm vor, der für alle Horen des Tages gleichbleibt. Sein Privatstundengebet bestand von Weihnachten bis acht Tage über Drei-König hinaus aus nur einem Psalm (man beging damals noch eine Epiphanie-Oktav). Daraus läßt sich schließen, wie wichtig ihm dieser Psalm war. Offenbar glaubte er, die in den Psalm eingeflochtenen Gedanken zum Festgeheimnis seien so tief und gehaltvoll, daß der Psalm auch siebenmal am Tag gebetet werden könne, und dies drei Wochen lang."[13] Franz steht im Fadenkreuz Krippe, Kreuz und Altar. Die franziskanische Betrachtungsweise lebt in der mystischen Vereinigung mit dem Herr als Kind in der Krippe und Schmerzensmann am Kreuz. Der Ort dieses Geschehens offenbart sich für Franz in der Eucharistie, in Gottes Schöpfung (Grotte im Wald, nicht im Heiligtum), wo sich der Himmel vergegenwärtigt.

Neue Impulse für religiöses Leben durch die ignatianische Frömmigkeit

Wenn wir im heiligen Franziskus nicht den Erfinder der Krippe erkennen, so dürfen wir im heiligen Ignatius nur bedingt den Wiederentdecker der Krippe annehmen, denn einige Krippen gibt es schon vorher in Kirchen und Adelshäusern. Im Sanktuarium des Heiligen finden wir ein Bild, auf dem die legendarische Szene dargestellt wird, wie die Mutter des Ignatius ihr Kind in einem Stall

Zeitgenössisches Porträt zu Ignatius von Loyola (1491-1556)

auf die Welt bringt. Dieses Bild, im 18. Jahrhundert von einem anonymen Künstler gemalt, hält dieses Ereignis fest, was nicht den Verhältnissen widersprechen muss, weil dies aus praktischen Gründen damals üblich war, da die Menschen die Infektionsgefahr nicht kannten.[14]

Die Weihnachtskrippe holt mit der geistlichen Methode des Ignatius das biblische Geschehen mitten ins Leben. In seinem Exerzitienbuch zeigt der Ordensgründer dazu einige Wege auf. Der geistlich suchende und sich einübende Mensch soll sich selbst in das Geschehen hineinversetzen, und zwar so, als stünde er selbst im Stall von Bethlehem. Schauen, Hören, Riechen und Schmecken, ja selbst dabei Mithelfen sollen den Betrachter inspirieren, sich das biblische Ereignis anzueignen und sich damit zu identifizieren. Der andere Weg oder die Alternative zum ersten Maß der Begegnung wäre das Hereinholen des Ereignisses in unsere Zeit.[15] Diese Aneignung überspringt alle Grenzen und kommt aus der Vergangenheit in die Gegenwart, aus der Ewigkeit in die Zeit. Das Zeitlose trägt plötzlich das Gewand der Zeit. Aus diesem Grund ist es für die Jesuiten kein Problem, wenn die Engel auftreten wie Kürassiere, die Könige anmarschieren in der Pracht fürstlicher Hofhaltung. (Jesuitenkrippen in Straubing, Mindelheim usw.)

Weihnachten erschöpft sich eben nicht in theologischen Spekulationen: Es erhält vielmehr seine Erfüllung in der Zuwendung mit allen menschlichen Sinnen zu dem hin, der für uns Mensch geworden ist. Der ignatianische Weg „pia exercitia" (fromme Betrachtung) und „participatio actuosa" (aktive Beteiligung) verbinden die gleiche Absicht, „dass jede Entscheidungsfindung in einer konkreten Situation in der Begegnung mit dem konkreten Jesus der biblischen Überlieferung ihren Ursprung findet."[16] Ein unfassbarer Reichtum erfüllt nun das geistliche Leben der Gesellschaft. Die Jesusfrömmigkeit des Mittel- und

13) Leonhard Lehmann: Ein Psalm des heiligen Franziskus für die weihnachtliche Zeit, in: GuL 63 (1990), S. 5-15, hier S. 7

14) Vgl. Joachim Schäfer: Das Sanktuarium Ignatius in Loyola, in: Ökumenisches Heiligenlexikon: https://www.heiligenlexikon.de/Literatur/Sanktuarium_Ignatius_Loyola.html (zuletzt abgerufen am 5. Januar 2017)
15) Vgl. das prägende Leitmotiv Johannes` XXIII. vom „aggiornamento"
16) Josef Sudbrack: Mystik des Konkreten. Die Anwendung der Sinne in den Exerzitien des heiligen Ignatius, in: GuL 63 (1990), S. 367-372, hier S. 372

Spätmittelalters erlebt eine Renaissance, die alle Sinne des Menschen einschließt. Der Glaube wird vom fernen nun zu einem dem Menschen ganz nahen Gut. Die Erfahrbarkeit des Glaubens kommt in vielen Bildern auf die Gläubigen zu. Krippenspiel, Dramen und Theater, Architektur und Malerei erleben einen enormen Aufschwung. Und doch unterscheiden sich seine Exerzitien wesentlich von der mystischen Frömmigkeit des Mittelalters. Seine Herzensanliegen sind Entscheidung und Nachfolge. Das Kind in der Krippe nimmt bereits den Schmerzensmann am Kreuz vorweg. Bernhard von Clairvaux' Spruch „Groß ist der Herr und überaus lobenswert, klein ist der Herr und überaus liebenswert" kann sich Ignatius schwerlich zu eigen machen, denn seine Intention und Sprache sind einfacher und spröder, nicht erhöht, sondern bewährt durch das Licht Gottes in der Entscheidung des Jetzt. Der Jesuitengeneral setzt auf den Willen, auf die freie Entscheidung und den Augenblick, in dem man lebt. Logischerweise führt eben dann die Krippe nicht in eine vergangene Welt, sondern bewährt sich im Jetzt. Die Jahreskrippen, die aus dieser geistlichen Sichtweise sich entwickelten, stehen daher nicht fern, sondern dem Menschen nah. Im Hier und Jetzt geschieht der Griff nach Heil.

Der Jesuitenorden als großer Kommunikator moderner Pastoral

Das Konzil von Trient war kein Konzil der Liturgie. Es wurden keine Dekrete zur Liturgie erlassen, sondern die Väter der heiligen Synode bemühten sich, auf die Herausforderungen der Reformation zu reagieren. „Trotz mancher Ansätze nimmt das Konzil von Trient keine umfassende Reform der Liturgie in Angriff. Das liegt auch an der zeitbedingten Schwäche in der theologischen Betrachtungsweise der Liturgie."[17] Doch nicht minder folgenreich sollten sich die Ergebnisse darstellen. „Als weitaus bedeutsamer als die Reformanstöße im Einzelnen wird sich aber eine Grundsatzentscheidung herausstellen, die die Konzilsväter auf ihrer letzten Sitzung am 4. Dezember 1563 treffen. Weil das Konzil zum Abschluss kommen muss, können die Konzilsteilnehmer selbst nicht mehr die liturgischen Bücher überarbeiten und publizieren. Angesichts der geschwächten Ortskirchen und bedrängt vom Willen, wenigstens innerhalb der römischen Kirche Einheit zu wahren, kann es – und dieser Gedanke taucht bereits in der ersten Sitzungsperiode des Konzils auf – nur eine gesamtkirchliche und verbindliche Lösung geben. Also übertragen die Bischöfe das liturgische

Reformwerk dem Papst."[18] Die entscheidende Wende lag nicht in den herausgegebenen lehramtlichen Dokumenten zur Liturgie, sondern im Willen einer einheitlichen liturgischen Ordnung, die dann auch dem Papst als Garanten der Einheit aufgetragen wurde. Dieses Prinzip der Einheit wird sich in den folgenden Jahrhunderten als zentral herausbilden. Die Päpste sehen in der Herausgabe der liturgischen Bücher und deren Weiterentwicklung ein „Dauerprogramm."[19] Trotz aller Vereinheitlichung und des starken Blickes auf den Papst dürfen wir nicht einem Scheuklappen-Denken verfallen. Es war Vielfalt in der Einheit. Gern geistert der Begriff von der römisch-tridentinischen Einheitsliturgie durch die Köpfe unserer Zeit, was aber nur bedingt stimmt. Wenn wir die folgenden Jahrzehnte und Jahrhunderte betrachten, erleben wir einen Reichtum und eine Fülle im Gebets- und Gottesdienstleben der Kirche. Die heute so oft hochtheologisch und intellektuell betrachtete Feierform wurde mit einem Kranz von Formen des religiösen Lebens begleitet, die Herz und Sinne mitnahmen. Weit über alle Theologie hinaus fand der ganze Mensch Platz im gottesdienstlichen Vollzug der Kirche. „Ähnlich wie in der spätmittelalterlichen Frömmigkeit ist die barocke Religiosität nicht auf Verstand und Erkenntnis ausgerichtet, hier werden alle Sinne des Menschen angesprochen, gibt es viel zu sehen, zu hören und zu erleben. Dabei bleibt die barockzeitliche Frömmigkeit inhaltlich weitgehend im Traditionellen."[20] In dieser Hinsicht steckt in den Krippen eine ungeheure Kraft des Verbindens und zugleich eine in die Zukunft weisende Innovation. In ihrer Zeitgebundenheit sind besonders Jahreskrippen traditionell und führen in ihrer Intention weiter. In ihnen lässt sich leicht der Geist der ignatianischen Gottessuche ausmachen, dessen oberstes Ziel die größere Ehre Gottes ist.

In der Gestalt des kühlen Basken Ignatius von Loyola begegnen wir nicht nur dem Ordensgründer der Gesellschaft Jesu, sondern vielmehr einem Giganten des Glaubens an der Schwelle einer neuen Zeit. Soldatendisziplin, Nüchternheit, Objektivität und Mystik bilden sein inneres Wesen. Es waren vor allem mystische Erfahrungen, die seinen Glauben prägten, fernab eines willensstarken Egoisten. „Man wird Ignatius nur verstehen, wenn man ihn dort schaut, wo er seinen ‚Schöpfer und Herrn' anrührt."[21] (Hugo Rahner) In seinem Exerzitienbüchlein meint der mystisch begnadete Ignatius, man müsse im Stall

17) Jürgen Bärsch: Kleine Geschichte des christlichen Gottesdienstes, Regensburg 2015, S. 100

18) Ebd., S. 102
19) Ebd., S. 102
20) Wie Anm. 17, S. 129
21) Josef Stierli: Ignatius von Loyola. „Gott suchen in allen Dingen", Olten 1983, S. 11

◄ Barocke Figuren der Jesuitenkrippe aus der Karmelitenkirche Straubing von Bethlehem als „kleines Knechtlein" anwesend sein, um zu hören, zu schauen, vielleicht sogar Maria und dem Kinde zu helfen. Eine ganze Woche, nämlich die zweite, widmet er der geistlichen Betrachtung des Weihnachtsgeschehens. Die Geschehnisse um die Frau am Brunnen von Sychar werden heute von vielen Exerzitienmeistern angeführt, um das Weihnachtsgeschehen, wegen der exegetischen Aufarbeitung nicht mehr als so geeignet erscheinend, zu übergehen. „Gott ist Geist und alle, die ihn anbeten, müssen im Geist und in der Wahrheit anbeten." (Joh 4,24) Peter Hans Kolvenbach SJ erinnert aber daran, dass die „verborgenen Jahre des Herrn" nicht unbedacht ins Abseits geschoben werden dürfen.[22] „Wo er seinen Schöpfer anrührt" – genau diese Berührungspunkte sind entscheidend. Der inkarnatorische Weg offenbart sich als Schlüssel jeder Spiritualität, bei dem die Sinne den Weg beschreiten, nicht stehen bleiben, sondern höchstens verweilen und sich als Pilger erkennen. In diesem Verständnis haben die Dinge den Zweck, dass der letzte Sinn nicht verloren geht. „Handle so, als ob alles von dir abhinge, in dem Wissen aber, daß in Wirklichkeit alles von Gott abhängt." (Ignatius von Loyola) Nicht zufällig feierte Ignatius über den ‚Krippenreliquien' von Santa Maria Maggiore seine erste Hl. Messe, genausowenig wie seine Pilgerreise ins Hl. Land ein Sabbatjahr sein sollte. Hören, Sehen, Riechen, in seinen Spuren wandeln … Dieser innere Anspruch der Nähe zum Herrn drängten ihn, gleichförmig mit dem Willen Gottes zu werden.

Barock … viel zu sehen, zu hören und zu erleben

Im Judentum kam es ab dem dritten und vierten Jahrhundert zu einer radikalen Auslegung des Bilderverbots. Diese Entwicklung spielt in der theologischen Auseinandersetzung der islamischen Gelehrten eine große Rolle, sodass sich im Judentum wie Islam eine strikte Ablehnung der kultischen Bilder durchsetzte. Auch im Christentum entstanden deswegen heftige Konflikte, besonders unter Kaiser Leo III. im oströmischen Reich und später in der Zeit der Reformation. Die „alte" Kirche blieb aber dem Konzil von Nicäa 787 treu, das die Bilderverehrung zuließ. Mit imposanten Bildprogrammen wollte sie die traditionelle Lehre neu interpretieren und visualisieren. Nach dem heutigen Stand wissen wir noch mehr. „Als Frucht der archäologischen Forschungen können wir heute sehen, dass die alten Synagogen reich mit der Darstellung biblischer Szenen ausgeschmückt waren. Sie galten keineswegs bloß als Bilder vergangener Ereignisse, als eine Art von bildhaftem Geschichtsunterricht etwa, sondern als ein Erzählen (Haggada), das erinnernd Gegenwart schafft."[23]

Die Ära des Barock eröffnete in ihrer Bilderfreundlichkeit eine neue Phase der Begeisterung. Imagination und Illusion wurden zum beliebten Stilmittel unzähliger Künstler. Sowohl im kirchlichen wie auch im weltlichen Bereich brachen Freude und Faszination künstlerischer Repräsentation aus. Die Ikonographie der Sixtina, die Meisterwerke Raffaels oder Michelangelos, die große Epoche der spanischen und niederländischen Malerei erzählen noch heute von der Schaffenskraft und Inspiration des künstlerischen Genius. Nicht allein das Wort genügt, Verkündigung darf ins Bild gesetzt werden. Das Bild, die Imagination, führt zu Gott. In unserer von Bildern gesteuerten Welt können wir die Wirkung dieser barocken Bilderflut schwer einschätzen. Sie sind wie die Kundschafter einer neuen Zeit, die im Anbruch steht. Bilder werden gezielt Ausdruck und Einsatz für den Glauben. Die Religion verwendet bewusst die Medien der Kunst. Die Überzeugung, dass Bilder einprägsamer und wirkmächtiger sind als Worte, stand dann im Fokus der Konfessionen. Die Reformatoren traten als Männer des Wortes auf. Die Folge war der konfessionelle Charakter der Kunst. Bildprogramme bestimmten das konfessionelle, künstlerische Schaffen. Die Altgläubigen waren folglich konservativ und hielten an den alten Themen fest, während bei den Reformatoren neue Formen wie Flugblätter, Karikaturen und das illustrierte Buch hinzukamen.[24] Der Weg war somit vorgegeben im Sehen und Zeigen, im Hören und Sprechen.

Besonders sind die Skulpturen und szenische Darstellungen (Ölberg) zu beachten, denn im Barock dominiert fast der Raum das Bild und das Geschehen. Dies kommt den Jahreskrippen sehr zugute, denn das moderne Indivuum nimmt sich den Raum zu seiner Entwicklung. Wie geschickt dies auch durch Krippen, durch die Extension von Weihnachts- und Osterkrippen wie auch durch Jahreskrippen, verwirklicht wird, kann man bei der Brixener Krippe der Propst-Brüder beobachten.

22) Vgl. Peter Hans Kolvenbach SJ: Verbergt nicht das verborgene Leben Jesu, in: GuL 77 (2004), S. 408-418

23) Joseph Ratzinger: Der Geist der Liturgie. Eine Einführung, Freiburg i.Br. 2000, jetzt in: JRGS 11 (2008), S. 107
24) Vgl. Robert Suckale: Themen und Stile altgläubiger Bilder 1517-1547, in: Andreas Tacke (Hg.): Kunst und Konfession, Regensburg 2008, S. 34-70

Die Krippenkunst ein katholisches Spezifikum im 17. und 18. Jahrhundert

Vornehmlich die Jesuiten und andere Orden sahen die Krippen nicht isoliert in ihrem Apostolat. Sie wurden zum Medium im Auftrag der Verkündigung und Sendung. Zeitgeschichtlich staunen wir über den Einsatz der Krippen als pastorale Begleitung für die Katechese. Auf die Gründung der Kollegien folgte zügig das Aufstellen der Weihnachts- und Passionskrippen. So berichtet der deutsche Laienbruder Jakob Müller über die Festungshaft 1759 in St. Julian (Portugal): „Als ein italienischer Pater um Ostern und Weihnachten aus Kartonfiguren ein Heiliges Grab und eine Krippe herzustellen vermochte, kam der Kommandant persönlich, um sie anzuschauen ... die Wärter und Buben, die das Essen verteilten, verrichteten dort ihre Gebete ..."[25]

Dabei wurden die Krippen nicht isoliert in die Zeit hineingestellt, sondern ihr Platz war die Verortung sowohl in der Kirche wie im lebendigen liturgischen Geschehen. „Es gebührt aber doch den Jesuiten die Ehre, als erste die Krippe zunächst in Kombination mit Wechselgesprächen oder Krippenspielen als pastorales Mittel propagiert und landesweit verwendet zu haben."[26] Als sehr interessant erweist sich in den Jahresberichten der Ordenshäuser die Chronologie der Aufstellung von Krippen. „Gerade dieser Orden hatte die pädagogischen Möglichkeiten der Krippe ebenso erkannt wie diejenigen des religiösen Schauspiels und nutzte alle Wirkungen der realistischen, theatralischen und daher besonders einprägsamen Darstellung zur religiösen Unterweisung der Gläubigen. Im Jahr 1601 baute der Orden seine erste Klosterkrippe in Altötting auf, 1607 gefolgt von den Krippen in München, in Innsbruck (1608) und schließlich eine Kirchenkrippe in Hall in Tirol (1609). Schon 1560 war im Jesuitenkolleg im portugiesischen Coimbra und 1562 in der Prager Niederlassung eine solche Christgeburtsszene aufgestellt worden."[27] Aus dem Grundverständnis der Universalität der christlichen Botschaft, wie der Sendung des jungen Ordens, finden wir überall den Einsatz dieser religionspädagogischen Methoden und Mittel. Sie waren keine isolierten Medien, sondern hatten ihren angestammten Platz in der Kirche und wurden gedeutet mittels Theater und Dramaturgie. Wort und Musik dienten zur Veranschaulichung, Vergegenwärtigung

Barocke Probstkrippe in Diözesanmuseum Brixen: Hochzeit zu Kana

und Repräsentation des Heilsgeschehens. Die Jesuitenkrippen waren und sind – daraus folgend – keine isolierten Kunstwerke oder -ereignisse. Sie beanspruchten das Heute und förderten zugleich die Empathie. Die Jesuiten wollten keine mystische Betrachtung, sondern zielten auf Nachfolge und Nachahmung. Das Exerzitienbuch des Ignatius kann eigentlich als Regiebuch des christlichen Lebens angesehen werden, nicht nur zur Weihnachts- oder Osterzeit, sondern durch die Jahreskrippen ganzjährig. Genau an diesem Ort steht und lebt die Krippe. Berliner beschreibt die Krippen mit dem Blick des Kunstanalytikers, Philippus de Berlaymont SJ rechtfertigt die Krippe im religiösen Sinne und das ignatianische Exerzitienbuch begründet in der „pia exercitia" die Krippe als Frucht geistlicher Betrachtung und Motivation.

Die „historische" Krippe in ihrer neuen Authentizität

Mit der Aufklärung, die bereits in der geistigen Auseinandersetzung zu Beginn des 18. Jahrhunderts vorgezeichnet war, kam es nach dem vorübergehenden Zusammenbruch der monarchistisch geprägten Gesellschaften zu einer intellektuellen Polarisierung. Die Krippenverbote, die sowohl von den weltlichen wie auch geistlichen Obrigkeiten verfügt wurden, offenbaren einen Riss in der Gesellschaft. Es kann als Schnittstelle geistig-geistlicher Wahrnehmung ange-

25) Zit. nach Michael Karger: Lehre mich die Weihnachtskunst, Regensburg 2015, S. 145
26) Karl Franz: Krippen in der Jesuitenkirche zu Straubing, Straubinger Hefte 47 (1997), S. 5
27) Nina Gockerell und Walter Haberland: Krippen im Bayerischen Nationalmuseum, München 2005, S. 24

Jahreskrippe in der Stadtpfarrkirche St. Johannes Dingolfing

sehen werden, einerseits eine nur an die Vernunft gebundene Erkenntnis oder ein Erkenntnisweg, der dazu Emotion, Imagination, Verantwortung und viele andere Seinsweisen miteinschließt. Waren für viele Menschen Krippen Orte des Vertrauens und menschlicher Wärme, sahen die Aufgeklärten in ihnen eine naive und unangemessene Präsentation der religiösen Wirklichkeit. „Sinnliche Darstellungen gewisser Religionsbegebenheiten waren nur in einem solchen Zeitraume nützlich ..., als das Volk noch auf einer so niederen Stufe der Kultur und Aufklärung stand, dass man leichter durch Versinnlichung auf den Verstand ... wirken konnte. Zu dieser sinnlichen Darstellung gehören die sogenannten Krippen, durch welche die Geschichte der Geburt des Herrn anschaulich ... gemacht wird. Da die Bewohner ... seit geraumer Zeit in der religiösen Aufklärung so fortgeschritten sind, dass es solcher Vehikel ... nicht mehr bedarf, ... so werden die Beamten und Pfarrer angewiesen, die Aufstellung der Krippen in den Kirchen ..., wo sie bisher noch üblich war, künftig nicht mehr zu gestatten."[28] Als Folge wanderten die Krippen in die Stuben der Bürger und Bauern. Es geht eigentlich immer um die Wahrnehmung und Repräsentation

des Heiligen, inwieweit Unverfügbares den menschlichen Sinnen anvertraut ist. Dahinter versteckt sich eine Urfrage des Menschen. Kann Geistiges und Geistliches, letztendlich formlos und abstrakt, ohne Gestalt und Ästhetik vermittelt werden?

Den aufklärerischen Thesen versuchten Romantik und Historismus Paroli zu bieten. Es kam in der Kunst zum Wiedererwachen von Romanik, Gotik, Renaissance und Barock. Die Nazarener intendierten im Rückgriff auf die Wurzeln, den Ursprung freizulegen. Im Umgang mit der Heiligen Schrift genügten nicht mehr die Methoden der Allegorie, Typologie und Übersetzung, vielmehr kommt die historisch-kritische Methode zum vollen Einsatz. Typisch in diesem Zeitgeist ändert sich das Bild des Krippenaufbaus. Als ursprünglich und der Wirklichkeit Palästinas ganz nah wird die Höhle dominant. Es wird die Lokaltradition der Höhlen um Bethlehem aufgegriffen. Bei der Betrachtung der Ikonen überwiegen die Höhlendarstellungen. Höhle und Stall stehen in Konkurrenz (Santa Maria Maggiore – Stall; Santa Maria in Trastevere – Höhle). Diese Motive waren eigentlich nicht neu, sondern wurden unter dem Aspekt der Geschichtlichkeit neu entdeckt. Noch einmal erlebt die Krippenkunst eine Renaissance. Die Osterrieder Krippen verschaffen sich Ansehen und Respekt.

---

28) Zit. nach Christoph Daxelmüller: Krippen in Franken, Würzburg 1978, S. 82. Vgl. Walter Hartinger: Religion und Brauch, Darmstadt 1992, S. 210

„Osterrieder Krippen sind vor allem in Kirchen noch heute weit verbreitet. Gerade unsere Zeit weiß den ornamentenverliebten Historismus der Figuren und die weitgehend als authentisch empfundene Darstellung der biblischen Stätten in Architekturen und Kulissen wieder zu schätzen. Osterrieders figurenreiche Weihnachtsszenen finden mit ihrer romantischen Grundstimmung ihre Bewunderer heute in allen Generationen, wobei die künstlerische Qualität ihrer Gestaltung von vielen Betrachtern erkannt, geschätzt und gewürdigt wird."[29]

Krippen eine der schönsten Erfindungen

„Das Fest der Menschwerdung", wie Stephan Wahle sein liturgiegeschichtliches Werk betitelt, fokussiert im Licht des Weihnachtsgeschehens das Glaubensgeheimnis der Inkarnation. Genau dieses Mysterium als Frohe Botschaft bewegt die Herzen der Menschen. In dieser ihrer Sehnsucht wollen die Gläubigen immer mehr das Geheimnis Jesu ergründen. Die Spuren „Wir wollen sehen …" durchzieht die ganze Glaubensgeschichte der Kirche. Wie der Neutestamentler Thomas Söding nachweist, blicken wir auf eine Fülle von Bildern gerade im Johannesevangelium. Die Jünger durften ihn sehen. Beim Evangelisten Johannes lesen wir die Einladung „Kommt und seht!" (Joh 1,39) Obwohl die Theologie der Väter sich dem Hören verschrieb und das Alte Testament das Bilderverbot kannte, drang über die Volksseele das Bild immer mehr in das Zentrum des religiösen Lebens. Anfänglich reich vertreten in der Grabkultur der frühen Christen, setzte sich die bildliche Darstellung immer mehr im Gottesdienstraum durch. Laut Baudry war die frühchristliche Grabmalkunst weitgehend volkstümlich inspiriert.[30] Das Wort vermag viel auszudrücken und zu reflektieren, jedoch steht das Bild auf seine eigene Weise dem in keiner Hinsicht nach.

Das Konzil von Nicäa (787) beendete vorerst das Ringen um den richtigen Umgang mit dem „Bild". Die reiche Ikonographie der antiken und frühmittelalterlichen Kunst erstreckt sich auf alle Lebensbereiche über die Bilder, Plastiken bis hin zu Alltagsgegenständen. Die reiche Bilderwelt mit ihrem ausufernden Programm deutete und schmückte die Gotteshäuser. Im Mittelalter und Spätmittelalter kam es nochmals zu einem Anstieg der Bilder, was von vielen Seiten zu heftiger Kritik führte. Humanisten wie Erasmus von Rotterdam

(1466-1536) kritisierten den Aberglauben, den sie in der Bilderflut des Volksglaubens anprangerten. Ihr Ärgernis waren fragwürdige Legenden und die Gefahr der Bildmagie. Bilder brauchen eben auch das Korrektiv des Verstandes wie der Ästhetik.

Im Zuge der Gegenreformation, stark vom neuen Orden der Societas Jesu getragen und vorangetrieben, wurde die Glaubensvermittlung mit revolutionären Methoden propagiert. Das Schauspiel hält Einzug und die Kunst wird in neuer Form in den Dienst der Verkündigung gestellt. Dem reformatorischen Schriftprinzip stellt die Kirche die Emotionalität, die Dramaturgie der Heilsgewissheit, gegenüber. Das Jesuitenschauspiel und die -dramen liefern hierzu Beispiele. In diesem Kontext dürfen wir die Krippenkunst ansiedeln. Die Themen der Krippen sind willkommen als Instrumentarium der Verkündigung und Vermittlung der Glaubensgewissheit. Es geht um das Betroffensein und Mitgenommenwerden auf dem Weg des Heils und der Glaubensentscheidung. Szenisch und gestalterisch traten sie einen Siegeszug in den Kirchen an. Die Bühne bot den Raum, um mit den Mitteln der Kunst, symbolträchtig schon von Kindheit an, die Menschen mit den biblischen Ereignissen vertraut zu machen. Gerne werden daher die Krippen „gefrorenes Theater" genannt, denn wie Momentaufnahmen wirken die einzelnen Szenen. Der Weg vom Wort zum Bild, vom Schauspiel zur Krippe und wiederum weiter zur Jahreskrippe (Drama des Heilshandeln Gottes in der Welt) gelingt dieser Form der Präsentation ein vorerst unerreichter Höhepunkt.

Die Krippen können auf eine bewegte Geschichte zurückblicken: Geliebt, geschätzt und unzählige Male besucht, plötzlich entsorgt und in der Hitze und Feuchtigkeit des Kirchendachbodens oder eines schimmeligen Quartiers dem langsamen Vermodern preisgegeben, tauchen sie wiederum auf, um zu faszinieren und ihren Auftrag zu erfüllen, die uralten Geschichten des Evangeliums zu verkünden. Kunstfertige Hobbyschnitzer, liebevolle Sammler und begnadete Künstler lassen die Herrlichkeit der Figuren und Bühnen leuchten und strahlen. Die Krippe lebt!

„Krippen zählen zu den schönsten Erfindungen oder Entdeckungen, die wir kennen", so sagt es der ehemalige Benediktinerabt von Schweiklberg, Christian Schütz. „Sie haben bis heute nicht aufgehört, Menschen in ihren Bann zu ziehen. Über allen Wandel und Wechsel der Zeiten hinweg haben unzählige Generationen der Krippe gleichsam ihre Reverenz erwiesen... Es gibt wenig,

---

29) Hermann Vogel: Sebastian Osterrieder. Der Erneuerer der künstlerischen Weihnachtskrippe. Leben und Werk, Lindenberg im Allgäu ²2012, S. 9
30) Baudry: Handbuch der frühchristlichen Ikonographie (wie Anm. 2), S. 12

was die durch Gräben so vieler Gegensätze getrennten Menschen so sehr um sich zu sammeln versteht, wie eine kleine unscheinbare Krippe."[31] Vor allem die Jahreskrippe erfüllt die Aufgabe, Menschen an Gott zu binden und sich mit ihm zu verbinden. Sie rückt nicht nur bestimmte Festtage ins Bewusstsein, stellt das ganze Leben, jenseits von Leid und Freud, als Geschenk Gottes und damit als Fest dar.

Resümee

Die Krippen fielen nicht vom Himmel. Aus verschiedenen Traditionssträngen genährt entwickelten sich die Krippendarstellungen zu einer Hochform der szenischen Repräsentation biblischer Berichte.

Den Schlüssel für die Krippen finden wir nicht nur in den dogmatischen Lehrsätzen der frühen Konzile, die das Geheimnis der Inkarnation definieren, sondern auch in den Bestrebungen der Volksfrömmigkeit, dem Glauben ein Gesicht zu geben. Die amtskirchliche Bestätigung der Bilderverehrung war auf diesem Weg eine entscheidende Etappe.

Eine weitere Schlüsselfunktion kam dann dem Schauspiel zu. Mit der Choreographie des Theaters eroberte sich die Krippe die Dreidimensionalität. An erster Stelle steht hier die Weihnachtskrippe. Bei der Betrachtung von Krippen spielen Illusion und Emotionalität bis hin zur Sentimentalität eine große Rolle.

Die Jahreskrippen im Speziellen nutzen die Schriften des Alten und Neuen Testaments, die Ereignisse des Kirchenjahres samt örtlicher Besonderheiten und die Verehrung großer Gestalten des Glaubens als ihre ureigenen Inspirationsquellen. Sie treten folglich als einfühlsame Pädagogen, bildgewaltige Verkünder, fachkundige Interpreten, ausdrucksstarke Repräsentanten und hingebungsvolle Deuter der Heiligen Schrift auf. Sie ziehen Jung und Alt in ihren Bann, erzählen ohne Worte und erreichen so die Herzen ihrer Betrachter.

Was aber die Jahreskrippen par excellence auszeichnet: Sie sind demütig, weil sie sich zuerst und zuletzt also immer den Menschen anvertrauen. Ihre Schönheit empfangen sie aus den Händen anderer, ihre Würde und Strahlkraft schenken sie allen, die sie bestaunen. Was sie bekommen, das geben sie in vollem Maße weiter.

◀ Steinigung des Stephanus (Straubing, Jesuitenkirche)

31) Christian Schütz OSB: Heute schließt er wieder auf die Tür zum schönen Paradeis, Passau 2015, S. 11

Adam und Eva

Jedem sind vorzüglicher Spargel und Hopfen aus der Gegend um die nieder-bayerische Kleinstadt Abensberg bekannt, weniger seine für die bayerische Geschichte und Kultur wichtigen Söhne. Zu diesen gehört der Bildhauer und Krippenkünstler Sebastian Osterrieder (1864–1932). Dessen legendäre „Kaiserkrippe" für Wilhelm II. (Stadtmuseum) sowie eine Jahreskrippe, deren Wurzeln bis in die Barockzeit zurückreicht, sind im historischen Zentrum zu sehen.

Abensberg

Pfarrkirche St. Barbara, Barbaraplatz 1, 93326 Abensberg

Sebastian Osterrieder gilt als der „Wiedererwecker" der romantischen Weihnachtskrippe, nachdem bayernweit viele Krippen aus dem kirchlichen und bürgerlichen Leben verschwunden waren. Wegen der Halbscrienproduktion konnten seine Krippen weit verbreitet werden und er erreichte um 1900 eine Renaissance der Weihnachtskrippe. Man nimmt an, dass seine Liebe und Leidenschaft zur Krippe angeregt wurde durch die Krippen in seiner niederbayerischen Heimatstadt. Damals soll es drei öffentlich zugängliche Krippen gegeben haben, unter anderem eine mechanische Krippe. Die einzige noch erhaltene Krippe seiner Zeit ist heute der Grundstock der Jahreskrippe Abensberg in einem Seitenraum der Stadtpfarrkirche St. Barbara.

Einst über 360 Figuren und über 120 Tiere

Über die genaue Herkunft und Entstehungszeit ist wegen fehlender Dokumente nur wenig bekannt. Gesichert ist jedoch, dass 1875 der Mesner Monifelder in seinem Testament festlegte, dass seine „Krippe sammt aller Vorstellungen und Zubehör nicht zum Verkaufe komme, sondern (s)einer Geburtsstadt Abensberg zur Verschönerung Ihrer Krippe verabfolgt werde, damit sich die gegenwärtige u. zukünftige Generation daran erfreuen möge u. wozu (er seiner) Vaterstadt einen sehr eifrigen Krippenrichter wünsch(t)e". Allein zur Monifelder-Krippe gehörten über 360 Figuren und über 120 Tiere, neben etlichen Gebäuden und Ausstattungsgegenständen.

Diese große Krippe wurde bis 1967 in der Klosterkirche der Stadt Abensberg aufgebaut, zuletzt unter Leitung von Kaplan Max Schmid. Dieser weitete die

Moses und der brennende Dornbusch ▲

David und Goliath ▼

Judith und Holofernes ▼

Krippe, angeregt durch die Bürgersaalkrippe in München, zu einer Jahreskrippe aus und stellte das ganze Jahr über Szenen aus dem Alten und Neuen Testament dar. Nach seinem Wegzug wurde die Krippe nicht mehr regelmäßig aufgebaut und in einer feuchten Seitenkapelle gelagert, was für den Erhaltungszustand der Figuren nicht förderlich war. Erst 1979 wurde die Krippe als Weihnachtskrippe wiederbelebt durch Josef Holzapfel, der den Krippenraum aus baumaßlichen Gründen nun in die Stadtpfarrkirche verlagerte, einem spätgotischen Hallenbau.

Barock, Biedermeier und Moderne

Leider wurde der Figurenbestand im Laufe der letzten 100 Jahre durch mehrfache Diebstähle drastisch reduziert, sodass zum aktuellen Bestand nur noch 131 Figuren und 28 holzgeschnitzte Tiere zählen. Die 20 bis 26 cm großen Figuren sind sämtlich bekleidet, die meisten über ein Drahtgestell, und besitzen Holzköpfe, wenige haben Köpfe aus Wachs, teils mit eingesetzten Glasaugen. Nur einzelne sind als Gliederfiguren mit Kugelgelenken angefertigt. Die Gewandung und Gestaltung lässt auf eine Entstehung in der Biedermeierzeit schließen. Auf einem Papier, das als Innenfutter eines Rockes dient, ist die Zahl 1855 vermerkt. Einzelne Figuren können in die späte Barockzeit datiert werden, exemplarisch ein Elefant.

Seit 1996 betreut Thomas Huber die Krippe. Angeregt durch alte Dias baute er langsam wieder eine Jahreskrippe auf. Wegen des dezimierten Figurenbestandes begann Huber selbst neue Figuren anzufertigen. Über mehrere Zwischenstufen handelt es sich jetzt bei der „neuen" Krippe um modellierte Figuren. Diese werden als Aktfiguren mit lufttrocknenden Modelliermassen geformt, anschließend kaschiert und farbig gefasst. Die Größe variiert zwischen 20 und 35 cm. Durch die enge Zusammenarbeit mit Franz Nagel (Füssen) wurden in bewährter Technik auch die Landschafts- und Kulissenteile neu gestaltet. Hauptmaterial ist hierbei Styropor und Gips.

Viele individuelle und unterschiedliche Szenen

Die Szenen versuchen, das Geschehen auf das Wesentliche zu konzentrieren. Zudem führt die gezielte Beleuchtung zu einer stimmungsvollen Inszenierung. Weiterhin ist es ein wichtiges Anliegen, möglichst viele individuelle und unterschiedliche Szenen aufzustellen und Wiederholungen zu vermeiden.

Stern von Bethlehem als Wegweiser für die Sterndeuter ▶

Im Krippenfundus finden sich etliche Darstellungen aus dem Alten und Neuen Testament, aber auch Szenen aus Heiligenlegenden werden gezeigt. Zu außergewöhnlichen Inszenierungen zählen: *Judith und Holofernes, Daniel in der Löwengrube, Elija im Brunnen, Petrus im Gefängnis, Mariae Himmelfahrt, Hl. Hubertus, Hl. Martin.*

Zusammen mit der Osterrieder-Dauerausstellung im Museum bildet die Jahreskrippe einen besonderen Ort für krippenbegeisterte Besucher.

Thomas Huber

Literaturhinweis:
Thomas Huber: Die Abensberger Jahreskrippe – Vermächtnis und Auftrag, Abensberg 1999

Vertreibung aus dem Paradies – Geburt Christi – Kreuzigung ▼

Kreuzweg ▲   Christus im Kerker ▼   Heiliger Hubertus ▼

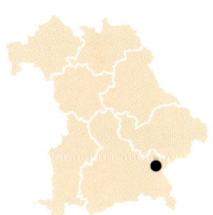

Als „Herz Bayerns" gilt Altötting wegen der bedeutendsten Marienwallfahrt Deutschlands, die bereits 1489 entstand. Die Krippentradition reicht nachweislich bis 1601 zurück – mit der ersten Jesuitenkrippe Deutschlands, die aber verschollen ist. Neben der Gnadenkapelle mit der „schwarzen Madonna" steht auf dem barockgeprägten, bühnenartigen Zentrum die spätgotische Stiftskirche. Zu ihren bemerkenswerten Kunstschätzen zählt eine von vier Jahreskrippen in der mit Sehenswürdigkeiten reich gesegneten Stadt.

Altötting

Stiftskirche, Kapellplatz 23, 84503 Altötting

Das den Heiligen Philippus und Jakobus geweihte Gotteshaus, dessen Vorläuferbauten bereits zu karolingischen Zelten errichtet wurden, dient als Stifts-, Pfarr- und Wallfahrtskirche. Der Neubau von 1511 als spätgotische Hallenkirche wurde 500 Jahre später von Stadtpfarrer Günther Mandl als „weithin berühmt" charakterisiert. „Ungezählte Wallfahrer und Generationen von Pfarrkindern bewunderten seither die prächtigen Portaltüren und den ‚Großen Herrgott' aus dem Umkreis der Leinberger Schule" und suchten das Grab von König Karlmann. Im Kreuzgang und in der Kirche enträtselten sie die kunstvollen Epitaphien. Der „Tod von Eding" ermahnte sie zu christlicher Wachsamkeit.

Krippengeschichte bis ins 17. Jahrhundert

Im Jahr 1676 informiert eine Rechnung für die Stiftskirche, dass „ain Casten zu dem Kripperl und zur Behaltnuß der Kripperlsachen" angefertigt wurde. 1689 wurde das Fassen einer Krippe mit drei Szenen bezeugt. Von älteren Krippen vor der Säkularisation hat in ganz Altötting aber kaum eine überlebt. 1905 wurde von dem berühmten Münchner Bildhauer und Krippenkünstler Sebastian Osterrieder (1864-1932) – der auch mehrere andere Skulpturen für Altötting entwarf – für die Stiftskirche eine Weihnachtskrippe erworben. Sie zeigt die *Geburt Christi* und die *Anbetung der Heiligen Drei Könige* und umfasst 65, etwa 27 cm hohe Figuren (einschließlich der Tiere). Sie wurden im vor kurzem enträtselten „Französischen Hartguss" geschaffen und mit bemalten Textilien drapiert. Als Besonderheit wirken die sechs Kamele, überreich bepackt.

Übertragung des Hauses von Maria

Verkündigung ▲

Kamele von Sebastian Osterrieder ▼

Vom „Erneuerer der künstlerischen Weihnachtskrippe" stammen außerdem die Bauten und der Krippenhintergrund. Vor wenigen Jahren wurde alles aufwändig gereinigt oder restauriert.

Immer wieder auch seltene Szenen

Diese bedeutende Osterrieder-Krippe, die ursprünglich im romanischen Portal präsentiert wurde, gehört heute zur Jahreskrippe, die im Kreuzgang in einem Kasten mit mehreren Quadratmetern Fläche aufgestellt ist. Sie wurde auf Initiative von Stiftprobst Max Absmeier (1920-2012) in den 1990er-Jahren mit hand- oder holzgeschnitzten Figuren verschiedener Herkunft passend zueinander nach und nach auf etwa dreißig 24 cm große Figuren ergänzt. Diese wurden von Hilde Purzer (Mehring) sachkundig ausgesucht und handgenäht, einfühlsam und sorgfältig bekleidet. Die Hintergründe gestaltete der vielseitige einheimische Kirchenmaler Sebastian Brandstetter (1920-2001). Schon ab 1983 hatte Reinhold Ullermann fast 30 Jahre die Krippe betreut, stattete manche Szenen später mit eigenen Figuren seiner imposanten Sammlung aus und entwarf wirkungsvolle Landschaften. Seit 2013 fertigte der neue Betreuer, Mesner Reinhard Hof, als gelernter Schreiner zahlreiche Gebäude und hat dazu noch weitere Pläne.

Zu den zentralen Weihnachtsszenen wie *Verkündigung, Herbergssuche, Volkszählung, Flucht* und *Hochzeit zu Kana* werden andere Darstellungen aus dem Neuen und Alten Testament sowie zu christlichen Legenden präsentiert. Dazu gehörten beispielsweise *Der brennende Dornbusch, Das goldene Kalb, Der Beistand des Schutzengels, Der gute Hirte, Die Krankenheilung, Der Kinderfreund, Der verlorene Sohn, Der barmherzige Samariter, Der Zöllner Zachäus, Das letzte Abendmahl, Die Verleugnung des Petrus, Der Judaskuss, Die Auferstehung, Die Porträtierung der Madonna durch den Evangelisten Lukas* oder *Die Übertragung des Heiligen Hauses.*

Liturgischer Jahreskreis

„Die Jahreskrippe soll den liturgischen Jahreskreis abbilden", erläutert Hof, und Ullermann bestätigt: „Die Jahreskrippe soll den Leuten die Bibel näherbringen." Dass dies gefällt, beweist die hohe Besucherzahl. Vor allem für die vielen Pilger – jährlich mehr als eine Million – wurde die Jahreskrippe geschaffen. Besonders Krippenfreunde sollten in Altötting nicht versäumen, im Kreuzgang das gotische Deckenfresko „Die Heilige Familie mit den Drei Königen"

Anbetung der Könige ▶

Jesus und Zachäus ▲

(1486) sowie im Südportal die faszinierenden Eichenholz-Schnitzereien „Geburt Christi" und „Anbetung der Drei Könige" (1513/19) zu besichtigen. Und außer den anderen Jahreskrippen in der St. Anna-Basilika, in St. Michael und in St. Josef empfiehlt sich, das „Jerusalem Panorama Kreuzigung Christi", das heute einzige religiöse auf der Welt in der Urform (1903) zu betrachten. Empfehlenswert ist auch das Diorama in 22 Schaukästen mit über 5000 Figuren zur Geschichte der Altöttinger Wallfahrt. Wie sagt schon ein alter bayerischer Spruch: „Von jeder Haustür geht ein Weg nach Altötting."

Guido Scharrer

Literaturhinweis:
Katholische Kirchenstiftung St. Philippus und Jakobus, Altötting (Hrsg.): Die Altöttinger Stiftspfarrkirche, Altötting 2010

Der Schutzengel ▼

Gefangennahme Jesu ▼

Verkündigungsengel

"Du Amberg in der Oberpfalz bist wahrlich nicht die geringste unten den Krippenstädten im Bayerland." Wirklich nicht übertrieben erscheint ein abgewandeltes Bibelzitat, mit dem ein Buch über die Kirchenkrippen in der "heimlichen Hauptstadt der Oberpfalz" beginnt. In und um den Stadtkern, der zu den besterhaltenen mittelalterlichen Anlagen Europas zählt, lassen sich die Spuren zahlreicher Krippen entdecken, bis zurück zum Jahr 1601. Als eine der neueren lässt sich eine Jahreskrippe etwas abseits des Zentrums finden.

Amberg

Pfarrkirche Heilige Dreifaltigkeit, Dreifaltigkeitsstraße 9, 92224 Amberg

Die dreischiffige Hallenkirche wurde 1926/27 erbaut, der markante Fassadenturm folgte 1935. Bald dürfte eine Krippe angeschafft worden sein, die 1939 (!) den Grundstock der heutigen Jahreskrippe bildete. Deren handgeschnitzte Figuren stammen von namhaften Bildhauern: Hans Hirsch (1869-1940) aus Günzburg, seinem Schüler Josef Konrad (1891-1963) aus Reichholzried und Anton Wendler (1897-1972) aus Georgswalde bzw. ab 1946 in Amberg. Wendler galt in den "Böhmischen Niederlanden" als einer der besten Krippenschnitzer und orientierte sich an Krippenbildern des bekannten und beliebten Nazarener-Malers Joseph Ritter von Führich (1800-1876). Die Kontakte zu den Krippenkünstlern dürfte der Vereinsgründer (1924) und langjährige Verbandsschriftleiter Rudolf Hertinger vermittelt haben. Mit verschiedenen Figurentypen in ca. 24 cm Größe wurden weihnachtliche Szenen von der Verkündigung bis zur Flucht nach Ägypten aufgebaut.

Erfüllung eines großen Wunsches

Der große Wunsch des Ortsvorsitzenden Georg Donhauser, in Amberg eine Jahreskrippe zu verwirklichen, konnte sich erst drei Jahre vor seinem Tode 2010 erfüllen. Stadtpfarrer Bruno Todt förderte die Initiative. Die Liebe Donhausers zu Südtirol war sicher ausschlaggebend, dass man sich für neue Figuren aus dieser Region entschied: auf Ankleidefiguren einer Firma aus dem Grödnertal. Die 22 cm hohen Figuren besitzen bewegliche Glieder und erlauben recht lebendige Darstellungen. Durch "größere" Spenden und viele kleine

Gaben in die Kasse des Krippenkastens war es immer wieder möglich, neue Figuren zu erwerben, insgesamt über 30. Großzügig unterstützt werden die Krippenbetreuer vor allem vom Frauenbund sowie vom Pfarrer Ludwig Gradl.

18 wechselnde Szenen im Jahr

Die einzelnen Szenen werden in einem umgebauten Beichtstuhl gezeigt, der gut in der Kirche auf der rechten Seite platziert ist. Etwa 18mal jährlich, also im Schnitt alle drei Wochen, gestalten Rudolf Daller und Josef Weigl um. Gezeigt werden ausschließlich Bilder aus dem Leben und Wirken von Jesus, angelehnt an die Texte aus den Evangelien und passend zum Kirchenjahr. Die weihnachtlichen Darstellungen werden in alpenländischer Art mit den älteren Figuren präsentiert. Die anderen Szenen sind orientalisch aufgebaut und zeigen beispielsweise: *Simon von Zyrene, Kreuzigung, Auferstehung, Tempelreinigung, Berufung der Jünger, Zachäus, Heilung des Gelähmten, Das Gleichnis vom Sämann, Die Heilung eines Aussätzigen, Jesus und die Ehebrecherin.* Zu allen Bildern haben die Krippengestalter die Gebäude meist aus Holz und Dämmplatten angefertigt, etwa den altbayerischen Stall und den morgenländischen Tempel, dazu mehrere Häuser und ein Stadttor. Als Hintergründe dienen vergrößerte Fotos. Eine variable Beleuchtung sorgt für die jeweils passende Stimmung.

Krippe als „Menschenfischer"

Fast monatlich informierte in den vergangenen Jahren die Lokalzeitung über die jeweils aktuelle Szene mit einem Bildbericht. Hier konnte man lesen von einem „Kleinod", „viel Liebe zum Detail" oder von „lebensnaher Gestik und Mimik der Figuren". „Die Szene hat etwas Warmes,

◄ Anbetung der Könige

Hirte ▲

Hochzeit zu Kana ▲

Jesus der Kinderfreund ▼

Magisches an sich", hieß es etwa zum *Propheten Simeon und der Prophetin Hanna*, die bei der *Darstellung im Tempel* im kleinen Kind Jesus den verheißenen Messias erkennen. Zur *Heilung des Gelähmten*, bei der die Größe Gottes erkannt und gepriesen wird, kommentierte der Journalist: „Die Amberger Krippenfreunde, die hier für wechselnde Darstellungen sorgen, tun mit ihrem Einsatz Ähnliches: Sie verbreiten die Heilsgeschichte." Oder: „Jesu Auferstehung ist die wahre Osterfreude, die auch die Jahreskrippe in Dreifaltigkeit vermittelt". Laut Lokalzeitung wird die Jahreskrippe oft besichtigt: „Auch weit nach Ostern wird die sogenannte Jahreskrippe zum ‚Menschenfischer', ihre Fans kommen regelmäßig zum Schauen."

Rudolf Daller und Guido Scharrer

Literaturhinweise:
Harald Reitmeier u.a.: Amberger Kirchenkrippen, Amberg 1994
Gerhard Bogner: Krippen in der Oberpfalz, Regensburg 2001, S. 107f

Frau am Fenster ▲

Jesus und Zachäus ▼

Personengruppe ▼

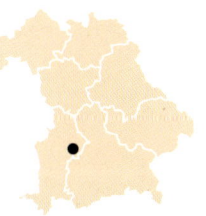

Die „Weltstadt Augsburg" kann man nicht genug als einen bedeutenden Wegbereiter der Krippe würdigen. Hier kreuzten sich jahrhundertelang kulturelle Einflüsse aus ganz Europa. Davon sind schon die frühen Krippenautomaten, Silberkrippen und Ausschneidebögen geprägt. Zu einer der jüngsten aus der großen Vielzahl von bedeutenden Krippen gehört die Jahreskrippe im Domkreuzgang, eine Folge des Weltkrippenkongresses im Januar 2008. Die Szenen der Münchner Dauerleihgabe mit Figuren meist um 1800 wechseln alle paar Wochen.

Augsburg

Domkreuzgang, Frauentorstraße 2, 86152 Augsburg

In Augsburg findet man auf einem Dom-Inventar aus dem Jahr 1582 die erste bekannte Verwendung der Bezeichnung „Krippe" für eine szenische Weihnachtsdarstellung: „die Stückh, welche in Unnser Lieben frawen Khrippen auffbehalten werden". Neben verschiedenfarbigen Mänteln für Maria und das Kind gibt es für Jesus „Zwey schöne … hemettlein: mitt gulden bortten"; weiterhin „Zwen khleine pfulg()[Bettdecken]: Unnd Zway khüssellein …", dazu noch weitere Tüchlein, Schleier und Decken. Außer Maria und dem Kind werden keine weiteren Figuren benannt. Für die noch heute vorhandene Gruppe der Anbetung der Könige, die man in einer vergitterten Nische des südlichen Chorumganges im Dom entdeckt, fehlen also wichtige Figuren: Die Könige erscheinen erst im nächsten erhaltenen Inventar von 1670. Stilistisch passen würde, dass sie bald nach 1582 entstanden sind. Die in ihren Größen und Gebärden nicht ganz stimmigen Figuren weisen deutlich auf eine Inszenierung hin, wie sie der damaligen, von den Jesuiten als großen Beförderern der Krippenkultur geprägten Personalbesetzung am Dom entsprechen könnte.

Großherzige Schenkung in München

Die Krippe im Augsburger Domkreuzgang (um 1470–1510) ist ein Vermächtnis des Rindmetzgerehepaars Magdalena und Franz Seraph Uhl an die Englischen Fräulein in München-Nymphenburg aus dem Jahr 1841. Die Schenkung war an die Bedingung geknüpft, dass die Krippe immer für Besucher

Engelsszene

Geburt Christi ▲

Josefs Traum ▼

sichtbar aufgestellt sein müsse und niemals veräußert werden dürfe. Für die Stifter sollten jährlich vier Messen – eine am Magdalenentag und drei Engelmessen – gelesen werden. Nachdem die Damen in München sich zum regelmäßigen öffentlichen Aufbau nicht mehr in der Lage sahen, kam 2008 die Krippe mit den genannten Auflagen als Dauerleihgabe an das Diözesanmuseum Augsburg.

Auch ungewöhnliche Szenen von A bis Z

Mit den gut 175 Tier- und über 400 menschlichen Figuren lassen sich neben der Weihnachtsszene viele weitere Vorstellungen aufbauen: Das Spektrum reicht von der *Arche Noah* bis *Zachäus*, vom *Martyrium der heiligen Afra* bis zu *Mary Ward und ihren Gefährtinnen*. Die Figuren, die im Kernbestand aus der Zeit von 1780 bis 1820 stammen dürften, sind in der Regel gekleidete Gliederfiguren aus verschiedenen Materialien. Nur die typischen Münchner Engel der Weihnachtsszene sowie die Tiere sind vollplastisch geschnitzt und farbig gefasst. Auch die geschnitzten ebenso wie die aus Wachs modellierten, also bossierten Köpfe weisen zumeist fein gestaltete Gesichter und Hände von hoher Qualität auf. Es haben sich zwar einige Namen von Münchner Schnitzern überliefert, wie der des um 1800 arbeitenden Schnitzers Ludwig, später Sebastian Habenschaden oder Anselm Sickinger – eine klare Zuweisung von Figuren an bestimmte Schnitzer muss aber offen bleiben.

Beachtliche Anzahl von geschnitzten Tieren

Die reiche Ausstaffierung mit Tieren ist eine der Besonderheiten der Münchener Krippe. Von den Tierschnitzern des späten 18. Jahrhundert ist namentlich der Zimmermann Niklas bekannt, der nach Vorlagen der Augsburger Stecherfamilie Riedinger arbeitete. Aus der Region, aus Schwabmünchen, stammt der Tierschnitzer Wendelin Reiner (1800-1845), der sich zusammen mit seinem Schwiegersohn Andreas Barsam (ca. 1835-1869) mit Erfolg diesem Metier widmete.

Die im 19. Jahrhundert besonders beliebten exotischen Tierarten wie Elefanten, Löwen, Tiger und Affen und buntes Federvieh kannten die Hersteller sicherlich aus den Tierschauen von Volksfesten her. Sie wurden vor allem in der Szene der *Flucht der Heiligen Familie nach Ägypten* benötigt, um das Bild eines fremden Landes mit fremden Tieren und Menschen zu verdeutlichen. Manche der Tiere haben – wie etliche der menschlichen Figuren – echte Glas-

Predigt am See Genezareth ▶

Versuchung Jesu ▲   Gleichnis vom reichen Prasser und armen Lazarus ▼

Auferstehung ▲   Himmelfahrt ▼

augen. Typisch für München ist vor allem das meerkatzenähnliche Fabeltier mit den drei Jungen auf dem Rücken, das sogenannte Sukkurath, ein Symbol für die Flucht nach Ägypten: Bei Gefahr birgt es die Jungen unter seinem breiten Schwanz und flieht.

Renate Mäder

Literaturhinweise:
Renate Mäder: Münchner Krippe, in: Katalog Diözesanmuseum St. Afra, Lindenberg 2012, S. 314, Nr. 195 (dort weitere Literatur)
Beate Spiegel / Melanie Thierbach / Christof Trepesch (Hrsg.): Krippenkunst, Augsburg 2007
Peter Riolini: Krippenstadt. Augsburger Krippen im Wandel der Zeit, Augsburg 1984

Raphael und Tobias

Als „Bayerisches Bilderbuchland" preist sich Bad Tölz und seine Umgebung. Vielerlei an Kultur und Natur lockt hier die Besucher an: von der Altstadt mit ihren spätmittelalterlichen, barocken und mit Lüftlmalerei geschmückten Häusern, teils seltenen Sakralbauten bis zur Leonhardiwallfahrt und dem Knabenchor. Neben dem traditionsreichen Marionettentheater, das auch die Weihnachtslegende „Heilige Nacht" von Ludwig Thoma (1867-1921) aufführt, können sich Krippenfreunde über eine besondere Jahreskrippe freuen.

Bad Tölz

Krippenraum neben Franziskanerkirche, Klosterweg 2, 83646 Bad Tölz

Die Jahreskrippe wurde etwa 1955 von dem Geistlichen Rat Josef Radecker für die St. Raphaelskirche im Klinikum München-Ost (früher Bezirkskrankenhaus Haar) gegründet und zählt zu den besten Krippen im weiten Umkreis. Sie wurde von ihm gestaltet und ständig ergänzt, so dass in seinem Wirken bis zum Tod 1991 die Darstellungen von fast 500 Bildern aus dem Alten und Neuen Testament möglich waren.

Verbindung von Geistlichem und Künstlern

Die Intension, Krippen zu bauen, kam für Radecker aus dem Bemühen heraus, den Patienten die frohe Botschaft des Evangeliums nicht nur durch das Wort zu verkünden, sondern ihnen auch im Bild nahezubringen. Es gab aber noch einen zweiten Grund: Ein Seelsorger, dessen Tagesablauf von vielen erklärenden, trostreichen und aufbauenden Gesprächen bestimmt war, braucht zum Ausgleich eine Arbeit, die etwas Beständiges, Sichtbares schaffen kann. Seine guten handwerklichen Fähigkeiten, erweitert und gesteigert durch das Können und die Freundschaft mit dem wohl bekanntesten Krippenbauer der Münchner Schule, dem Bühnenbildner und Kunstmaler Theodor Gämmerler, prägte schon früh den Stil dieser Jahreskrippe. Der theologisch-künstlerische Erfahrungsaustausch bereicherte die Arbeit beider in der Aussagekraft ihrer Krippendarstellungen. Mit Höhlen, Ställen, Häusern, Tempeln, Innenräumen und Stadttoren, Berg-, Wüsten- und Seenlandschaften gestaltete der Geistliche im Laufe der Jahrzehnte einen Fundus, der seinesgleichen sucht.

Darstellung des freudenreichen Rosenkranzes ▲   Die Heilige Familie bei der Aufopferung im Tempel ▼

Ein Glücksfall für die starke Ausdruckskraft seiner Darstellungen war das Zusammentreffen mit einem der besten Krippenschnitzer der Zeit, dem Bildhauer Josef Hien aus Ottobrunn (vgl. dazu Artikel über Füssen). Dessen Einfühlungsvermögen und handwerkliche Kunst schufen die Charaktere der Figuren so, wie sie vom Auftraggeber erwartet wurden. Über 60 Jahre war er der Schöpfer aller Figuren und Tiere, so dass eine bei Krippen selten anzutreffende Homogenität des Stils gegeben ist.

Die Kreativität seiner Pfarrhaushälterin Juliane Krug, eine gelernte Schneiderin, die für die stilechte Kleidung der Gliederfiguren sorgte, gab den Bildern aus der Bibel den letzten Schliff.

Neuaufstellung mit großer Bühnentechnik

Vorausschauend auf das Fortbestehen dieser Krippe bedacht, suchte der Geistliche Rat einen Krippenbauer, der diese Arbeiten über seinen Tod hinaus fortsetzen würde. Fast zehn Jahre war es dem Tölzer Uhrmachermeister und Krippenvereinsvorstand Siegfried Schmeller und seiner Ehefrau Gerhild vergönnt, mit ihm zusammenzuarbeiten, von ihm zu lernen. Aus dieser Freundschaft wuchsen das Versprechen und die Verpflichtung, diese besondere Art der Evangeliumsverkündigung weiter zu pflegen. Über zwanzig Jahre betreute und ergänzte die Krippe das Ehepaar von Bad Tölz aus, bis sich am Heimatort eine Chance für eine Neuplatzierung ergab. Durch die Aufgabe des Franziskanerklosters nach über 300 Jahren wurden Räumlichkeiten frei, die sowohl für diese Jahreskrippe und deren sehr umfangreichen Fundus als auch für einige Exponate des örtlichen Krippenvereins geeignet waren. Durch die großzügige Unterstützung der Stadtverwaltung wurde ein vorbildlicher Raum geschaffen, der ganzjährig täglich von 8 bis 18 Uhr bei freiem Eintritt geöffnet ist.

Da für den Umzug von Haar nach Bad Tölz die Krippenbühne weitgehend zerlegt werden musste, verbesserte man gleichzeitig den Rundhorizont, brachte die Beleuchtungsanlage auf den neuesten Stand, machte den Bühnenboden variabel, ermöglichte Projektionen und vieles mehr, was man von der großen Bühne her kennt und vielseitige Inszenierungen ermöglicht.

Oft außergewöhnliche Szenen

Hunderte von Darstellungen wurden mit den etwa 25 Zentimeter großen Figuren, insgesamt mit den Tieren ca. 150, schon gestaltet. Über 70 Abbildungen von der *Verheißung der Geburt Christi* bis zu *Christkönig* zeigt ein eigenes, auf-

Predigt Jesu in der Synagoge ▶

Heilung des Gelähmten

Auferstehung – Jesus Sieger über Tod und Teufel

Beispiel zu den sieben Werken der Barmherzigkeit

wändig gestaltetes Buch mit entsprechenden Bibeltexten. Hier kann man neben üblichen auch selten in Krippen aufgebaute Szenen entdecken, wie *Johannes der Täufer, Levi und das Mahl mit den Zöllnern, Die Auferweckung des
jungen Mannes in Naim, Das Gleichnis von den Arbeitern im Weinberg, Die Ver-
klärung Jesus, Christus Sieger über Tod und Teufel, Die Erscheinung des Auferstandenen am See* oder *Das Pfingstereignis*. Sie und alle anderen Bilder, die
nach drei bis vier Wochen gewechselt werden, möchten Krippenfreunde anre-
gen, sich mit der Jahreskrippe anzufreunden und zu beschäftigen.

Siegfried Schmeller

Literaturhinweis:
Siegfried und Gerhild Schmeller: Krippen verkünden das Leben Jesu, Bad Tölz 2006

Das Wirken der heiligen Elisabeth ▶

Anbetung der Könige

„Der Zauber der Geschichte – an nicht allzuvielen Orten ist er so intensiv erlebbar wie in Bamberg", empfiehlt ein geschätzter Reiseautor. Die Weltkulturstadt, das „fränkische Rom", die romantische „Traumstadt" gilt auch seit langem als die Krippenstadt Deutschlands. Hier kann man besonders in der Weihnachtszeit hunderte von Krippen erleben: in Kirchen und auf öffentlichen Plätzen, in Museen und Sonderausstellungen. In und um die berühmte Bischofsstadt lassen sich auch etliche Jahreskrippen entdecken, beispielsweise im Stadtteil Wunderburg, für sich schon ein geheimnisumwitterter Begriff.

Bamberg
Pfarrkirche Maria Hilf, Wunderburg 6, 96052 Bamberg

Die neugotische Hallenkirche, an die Stelle einer barocken Kapelle kurz vor 1890 erbaut, liegt etwas abseits im Süden Bambergs. Sie ist bei den Einheimischen unter dem Namen Wunderburger Kirche fast bekannter als unter dem offiziellen. Besonders verehrt wird das Gnadenbild der „Mutter von der immerwährenden Hilfe", eine plastische Kopie des Marienbildes von Lucas Cranach (1589) in Innsbruck. Hier ist auch seit 1974 die Wunderburger Jahreskrippe zu sehen. Bereits seit 1928 existierte sie als Weihnachtskrippe („Konradikrippe"), benannt nach dem Bamberger Krippenbauer Friedrich Konradi. Ihre Szenen wurden im Haupteingang im Kirchturm auf einem Podest aufgebaut.

Anfänge im Verborgenen
Als 1958 die beiden Krippenbauer abdankten, half der damalige Kaplan Webert mit einigen Jugendlichen, dass die Krippe trotzdem ab erstem Adventsonntag bis etwa Mitte März mit den Evangelien entsprechenden Bildern aufgestellt werden konnte. Als erste Szene war dann *Mariä Verkündigung* zu sehen, als letzte *Die Hochzeit zu Kana.*

Einer dieser Jugendlichen war Alfred Kotissek, der sich für den Aufbau auch in den folgenden Jahren interessierte. Bis heute, also über 55 Jahre, ist er dieser Aufgabe treu geblieben. Er kam dann auch mit seinem Vater auf die Idee, die Weihnachtskrippe als Jahreskrippe auszuweiten. Es wurde ein fester Kasten in

Zug der Könige ▲

Flucht nach Ägypten ▼

Der zwölfjährige Jesus im Tempel ▼

Form eines damals vorhandenen Beichtstuhls gebaut, und hier hatte die Krippe eine feste Station.

In der heutigen Form steht die Krippe in einem Schaukastenaufbau mit Glasfenster unter der Treppe zur Orgelempore. Im unteren Teil befinden sich das gesamte Material, die Kartons mit etwa 90 Figuren, die Hausanlagen und das Zubehör für „Felsen" und Landschaft. Damit ist ein zügiger Umbau leicht möglich.

Etwa 80 Figuren aus Oberammergau

Das Figurenmaterial ließ zu, verschiedene Evangelien des Jahreskreises bildlich darzustellen. Bemerkenswert ist dabei die künstlerische Arbeit der Oberammergauer Holzschnitzer, die jeder der etwa 18 cm großen Glieder-Figuren ein individuelles Aussehen vermittelten. Leider sind die Namen der Künstler nicht mehr bekannt. Die Holzfiguren sind bemalt, und jeder Körperteil ist in anschaulicher Art detailgetreu geschnitzt. Kein Gesicht gleicht dem anderen, keine Hand einer anderen. Bekleidet sind die Figuren mit Stoffen. Einige Krippenteile, oft korküberzogen, wurden im Laufe der Zeit neu hinzugebaut, die somit eine Vielzahl von Architekturen ermöglichen. Etwa alle zwei Wochen folgt die nächste Szene.

Evangelium im Mittelpunkt

Sicher ist es am wichtigsten, die drei Kirchenjahres-Höhenpunkte Weihnachten, Ostern und Pfingsten bildlich zu verdeutlichen. Darüber hinaus sind aber auch eine Reihe von Gleichnissen und Begebenheiten aus dem Leben Jesu zu sehen, wie beispielsweise etwa *Die Versuchung Jesu, Der verlorene Sohn, Der reiche Fischfang, Das Gleichnis von den Arbeitern im Weinberg, Christi Himmelfahrt, Die Erweckung des Jünglings von Naim, Der Sturm auf dem See, Das Gleichnis vom verlorenen Schaf*, oder auch das Kirchenjahrfest *Christ-König*. Sonst beschränkt sich die Krippe bisher aber ausschließlich auf die Darstellung von neutestamentlichen Themen.

Der Krippenbauer legt Wert darauf, dass das Wesentliche der Aussage des jeweiligen Evangeliums im Vordergrund bleibt und eine Ausschmückung der gesamten Szene dezent bleibt.

Haus Nazareth ▶

Jesus und Magdalena ▲

Die Jahreskrippe gehört auch zum weihnachtlichen Krippenweg der Bischofsstadt. Besondere Kostbarkeiten kann man außerdem das Jahr über vor allem im Bamberger Krippenmuseum, im Diözesanmuseum oder bei den Ausstellungen der Bamberger Krippenfreunde in der Advents-, Weihnachts-, Fasten- und Osterzeit in der Maternkapelle entdecken.

Alfred Kotissek

Literaturhinweis:
Hans-Günter Röhrig: Das Bamberger Krippenbuch, Bamberg 1994, S. 47

Einzug in Jerusalem ▲

Vertreibung der Händler aus dem Tempel ▼

Kreuzweg ▼

Weis-Engel

Als „Tor zum Bayerischen Wald und zum Böhmerwald" gilt die Stadt Cham mit ihrer wechselvollen Geschichte. Der zentrale Standort der Region Oberer Bayerischer Wald wurde 2009 wegen seines kulturellen Engagements, aber auch wegen seiner farbenprächtigen Landschaft als „Ort der Vielfalt" ausgezeichnet. Dies trifft ebenfalls auf die Krippen zu, deren Tradition bis 1642 zurückreicht. Neben der Jahreskrippe in der Redemptoristenkirche „Maria-Hilf" gehört dazu die Jahreskrippe in der Spitalkirche in der Altstadt.

Cham

Spitalkirche Hl. Geist, Spitalplatz 1, 93413 Cham

Die ältesten Krippenfiguren der Chamer Kirchen findet man in der kleinen, vor 1514 entstandenen und nach 1742 barockisierten Spitalkirche unweit des Chamer Zentrums. In der Hektik unserer Zeit ist sie eine Oase der Ruhe – und so wird sie von vielen Besuchern gesehen. Sie birgt mit dem Figurenfundus der Krippe einen wahren Schatz.

Archivalische Belege über den Ursprung der Figuren wurden bisher noch nicht entdeckt. Lediglich auf einer Spitalrechnung von 1845/46 taucht der Hinweis „Der Barbara Glony die Krippe abgelöst 20 fl [Gulden]" auf.

Figuren aus vier Zeitphasen

Trotzdem lassen sich mit Sicherheit vier Epochen ausmachen, nämlich die Entstehungszeit vor 1750, dann um 1780, drittens in der Mitte des 19. Jahrhunderts sowie die Zeit von 1900 bis hin in die 1960er Jahre.

Eine Vielzahl der Figuren darf durchaus der ersten Hälfte des 19. Jahrhunderts zugeschrieben werden. Zeugnis hierfür geben einige spärliche Dokumente, die im Verlauf der Restaurierungsarbeiten 1997/1998 gefunden wurden. Wichtigster Beweis ist der auf einen Holzkörper mit Tinte geschriebene Name „Paul Baumeister". Die noch in Cham wohnenden Familien Baumeister konnten aus ihren Ahnenreihen einen einzigen „Paul" finden, der von 1794 bis 1856 hier gelebt hat. Eine weitere Figur weist die Initialen „PB" auf mit den Jahreszahlen 1845 und 1848. War Paul Baumeister der Künstler oder der Auftraggeber dieser Figuren?

Verkündigung ▲

Ehre sei Gott in der Höhe

Gloriaengel ▼

Bei einer Engelsfigur wurde ein beschriebener Papierstreifen aus einem Geschäftsbuch entdeckt. Das Papier diente zur Versteifung des Rockstoffes. Die Textfragmente und Schriftform, so der Archivar der Stadt Cham, weisen Fachausdrücke auf, die auf einen Handwerker der Lederverarbeitung im 19. Jahrhundert hindeuten.

Umfangreiche Restaurierung mit Spenden der Bürger

Viele Jahre bauten die Franziskanerschwestern des Bürgerspitals jedes Jahr die Krippe in der Spitalkirche auf. Als das Bürgerspital 1976 aufgelöst und in das neue Altenheim in die Schleinkoferstraße verlegt wurde, war der Aufbau für die Schwestern zu umständlich. Auch war unklar, was mit der Spitalkirche geschehen sollte – doch das unter Denkmalschutz stehende barocke Kleinod im Herzen der Stadt wurde restauriert. Die Zeit hatte allerdings an den ehrwürdigen Krippenfiguren ihre Spuren hinterlassen, trotz verschiedener gutgemeinter „Erhaltungsversuche" der bisherigen Krippenbetreuer.

Seit 1985 betreut nun der auf Landkreisebene tätige Verein der Krippenfreunde des Oberen Bayerischen Waldes e.V. auf Bitten der Stadt Cham als Verwalter der Spitalstiftung diese Krippe. Aber erst 1997 konnte erreicht werden, dass die der Stiftung gehörenden Figuren endlich grundlegend restauriert wurden. Wesentlichen finanziellen Anteil leisteten dabei die Chamer Bürger, da sie Patenschaften für einzelne Figuren übernahmen.

Dank der umsichtigen Arbeit der Restauratorin Alice Stempfle (Friedberg) wurden die Fassungen der Figuren wieder in den ursprünglichen Zustand zurückversetzt und gesichert. In mühevoller Kleinarbeit unter Verwertung der oftmals nur fragmentweise erhaltenen Textilien wurden die Figuren nach historischen Vorbildern detailgetreu von Maria Kalz und Hildegard Utz bekleidet. Großer Wert wurde auf die Verwendung reiner Seiden- und Baumwollstoffe gelegt, Teile von alten Messgewändern standen zur Verfügung und aufwändige Goldstickerei wurde angewandt.

Älterer Krippenhintergrund mit Chamer Stadtansicht

Krippenbaumeister Wolfgang Stein schuf die Gebäude. Der noch im Originalzustand erhaltene gemalte Krippenprospekt mit der Chamer Stadtansicht stammt von dem seit 1947 in Cham lebenden akademischen Kunstmaler und Schriftsteller Georg Achtelstetter (1883-1973).

Anbetung der Könige ▶

Nach der gelungenen, umfangreichen Restaurierung der Figuren können nun folgende Szenen dargestellt werden: *Mariä Verkündigung, Herbergssuche, Anbetung des göttlichen Kindes durch die Hirten, Anbetung durch die Heiligen Drei Könige, Flucht nach Ägypten, Hochzeit zu Kana, Der gute Hirte, Ostern – Auferstehung des Herrn.*

Diese Krippe ist so zum Projekt der Krippenfreunde geworden – und die Freude der Betrachter ist deren größter Lohn.

Johann Dendorfer

Hochzeitsgäste ▲

Auferstehung ▼

Hochzeit zu Kana ▲

Jesus der gute Hirte ▼

Opferung Isaaks

„Es gibt wenige Städte, die allein schon durch ihre Lage so bezaubern wie diese", heißt es in einem renommierten Reiseführer zur ehemaligen Residenzstadt Füssen. Ein besonders reizvoller Blick bietet sich von der Lechbrücke auf das Hohe Schloss und die einstige Benediktinerabtei St. Mang im barocken italienischen Stil, früher Sommersitz der Augsburger Fürstbischöfe. Dieser entwickelte sich aus der Zelle des „Apostels des Allgäus", dem Mönch Magnus, im 8. Jahrhundert. In der venezianisch orientierten Kirche präsentiert sich eine ganz besondere Jahreskrippe.

Füssen

Stadtpfarrkirche St. Mang, Magnusplatz, 87629 Füssen

Die Jahreskrippe steht im südlichen Seitenschiff, wo im früheren Klosterzugang die Holzkonstruktion einen schönen Platz fand. Die Grundfläche des Kastens beträgt 3 mal 1,75 Meter, wobei der gesamte Hintergrund gerundet ist. Die ganze Front einschließlich des Sichtfensters (100 mal 60 Zentimeter) lässt sich nach vorne öffnen. Die Größenverhältnisse des Krippenraums sind genau auf die Figurenhöhe abgestimmt.
Initiiert hat die Jahreskrippe der Geistliche Rat Christof Kaiser, Stadtpfarrer in St. Mang von 1912 bis 1966. Als begeisterter Krippenpfarrer mit Leib und Seele begann er 1956 mit dem Erwerb der ersten Figuren. Zielstrebig hatte er zuvor jahrelang überlegt, bevor er sich für besondere Krippenkünstler und -gestalter entschied.

Ausdrucksstarke Figuren von Josef Hien
Geschaffen wurden die über 100, meist ca. 24 Zentimeter großen Figuren im Laufe der Jahre von dem Ottobrunner Bildhauer Josef Hien (1925-2017). Der letzte bedeutende Münchner Krippenschnitzer des 20. Jahrhunderts, der zu den besten und darum auch begehrtesten in Bayern gehört, „gilt als Schöpfer ausdrucksstarker und charakteristischer Krippenfiguren, die in ihrer Gestaltung und Gestik unverwechselbar seine Kreativität und sein handwerkliches Können wiederspiegeln".
Der Betrachter wird vor allem durch ihre harmonische Komposition aus Physiognomie, Ausdruckskraft und anatomischer Korrektheit angesprochen. Die

„Figuren sind zeitlos, ausdrucksstark und durch ihre Gestaltungsweise universell einsetzbar". Charakteristisch sind besonders seine „sprechenden Hände", die „mit einer unverkennbaren filigranen Gestaltung und Dynamik die Figuren zum Leben erweckten und eine plastische Kommunikation zwischen den Krippenfiguren ermöglichten". (Zitate von Thomas Huber).

Hintergründe von Künstlern Wattmannsberger und Fleckenstein

Darauf abgestimmt sind die gemalten Hintergründe: Sie stammen von dem Priener Künstler Bartholomäus Wattmannsberger (1894-1984), später von dem nicht weniger bedeutenden Krippenbauer Alfred Fleckenstein (* 1947) aus dem Allgäu. Die ca. 30 verschiedenen und miteinander kombinierbaren Landschafts- und Gebäudegestaltungen kommen aus der Werkstatt des Architekten Franz Nagel.

Schon 1956 wurde Nagel, damals ein junger Bursch im ersten Jahr seiner Schreinerlehre, von Stadtpfarrer Kaiser mit der Gestaltung der Jahreskrippe betreut. Diese Aufgabe erfüllt Nagel bis heute, seit über 60 Jahren.

Die Szenen werden alle vier bis sechs Wochen gewechselt, sodass jährlich zehn verschiedene Darstellungen entstehen. Besonderen Wert legt Nagel darauf, dass Themen und Gestaltung zur Einheit werden. Die zahllosen Bilder, die bei wiederholten Inszenierungen variiert werden, zeigen beispielsweise aus dem Alten Testament *Mose und der brennende Dornbusch, Elias in der Wüste, Jakobs Traum* oder *Isaaks Offenbarung*, aus dem Neuen Testament *Geburt in einer Winterlandschaft, Flucht durch die Wüste, Tanz der Salome, Gang durch die Ähren, Die Aussätzigen, Jesus vor Pilatus, Auferstehung* und *Pfingstfest*. Mitunter werden auch Heiligenszenen wie *Franziskus und die Madonna* oder *St. Magnus der Drachenbezwinger* präsentiert.

Nagels Gestaltung Vorbild für viele

Die Einheitlichkeit der jeweiligen Szene ergibt sich mit viel Einfühlungsvermögen Nagels durch das wechselseitige Zusammenwirken besonders von Figuren, Landschaft und Architektur und nicht zuletzt durch die Beleuchtung. Die Figuren als wichtigstes Element einer Krippe stammen aus einer Hand. „Durch ihre Anordnung wird ein Spannungsverhältnis zum Betrachter aufgebaut, das leichter entsteht, wenn möglichst wenig Figuren aufgestellt werden. Mehr Lebendigkeit und Dynamik strahlen die Figuren aus, wenn sie nicht einzeln, sondern in Gruppen angeordnet werden", betont Nagel. Nach dem Vorbild der Na-

◀ Josef und seine Brüder

Herbergssuche ▲   Anbetung der Könige ▼

Kreuzigung

tur und bedacht auf die Perspektive wird die Landschaft aus geschichteten Styroporplatten, mit Stuckgips überzogen, modelliert und bemalt sowie – stets genau angepasst – mit Bäumen, Büschen, Gräsern und Sand besetzt bzw. bestreut. Die ganz entscheidende Beleuchtung und ihre Licht- und Schatteneffekte werden mit mehreren, teils gedimmten Strahlern so gewählt, „dass die von der inhaltlichen Intension geforderten Gegebenheiten der Tageszeit und des Wetters wirkungsvoll wiedergegeben werden".

„Immer wieder trifft Nagel die entscheidende Aussage", lobte einst der langjährige Vorsitzende des Krippenverbands, Erich Lidel, denn: „Seine Krippendarstellungen begeistern immer wieder die, die zum Schauen davorstehen." Die stets stimmige und überlegt konzipierte Jahreskrippe wurde jahrzehntelang ein Vorbild für viele Krippenbauer.

Franz Nagel und Guido Scharrer

Literaturhinweis:
Franz Nagel: Krippen – Die Füssener Jahreskrippe und ihre Ausstellungen, Füssen 1995

Krankenheilung ▲   Einzug nach Jerusalem ▼

Sankt Mang ▼

Mit ihren markanten Felsformationen, unterschiedlichen Tropfsteinhöhlen und zahlreichen Burgen, Ruinen und Mühlen zählt die Fränkische Schweiz seit der Romantik zu den beliebtesten deutschen Regionen für Naturfreunde und Kultursuchende. Den spirituellen Mittelpunkt bildet die Basilika Gößweinstein, die größte Dreifaltigkeitswallfahrt Deutschlands. Nach den Plänen des bedeutenden Architekten Balthasar Neumann in vollendetem Barock von 1730-39 erbaut, soll man hier „dem Himmel ganz nah sein". Das trifft auch auf die Jahreskrippe zu.

Gößweinstein

Wallfahrtsbasilika zur Heiligsten Dreifaltigkeit,
Balthasar-Neumann-Str. 2, 91327 Gößweinstein

Über die Geschichte der Krippe gibt es nur mündliche Überlieferungen. Soweit bekannt, stand sie zuerst in der Klosterkirche, dann in der Gruft. Später zog sie in die Votivkammer um und ist jetzt seit längerem in der Basilika in einem Schaukasten zu sehen.

Die ältesten Figuren stammen vom Bildhauer Friedrich Theiler (1748-1826), der seine Kunstfertigkeit in der angesehenen Werkstatt Mutscheli in Bamberg erlernte, aber wieder in seinen Heimatort Ebermannstadt zurückkehrte. Für die Fränkische Schweiz hat Theiler vor allem zahlreiche Heiligenfiguren gestaltet. Wann die Krippenfiguren für Gößweinstein von den Franziskanern angeschafft wurden, ließ sich bisher nicht nachweisen.

Lebendigkeit durch bewegliche Figuren

Die etwa 30 Figuren haben jeweils handgeschnitzte Köpfe, Hände und Füße und wurden über Gestelle aus Holz und Draht bekleidet. Die Gliedmaßen und Köpfe sind beweglich und können ausgetauscht werden. So kann ihre Körpersprache den unterschiedlichen Szenen angepasst werden, um diese zusätzlich zu beleben. Andere Figuren wurden Ende des 20. Jahrhunderts vom Bamberger Kloster Sankt Jakob erworben oder vom Franziskanerpater Ottmar Straßer (Bamberg) geschnitzt. Neuere Figuren gestaltete vor allem der Bildhauer Norbert Tuffek (Wendelstein) in den vergangenen Jahren. Insgesamt gehören

Daniel in der Löwengrube

zur Jahreskrippe 170 Figuren, darunter 50 Tiere. Manche ältere Figur wurde von Luise Böhm (Nürnberger Krippenfreunde) und vor allem von einer Künstlerin aus Südtirol, der Franziskusschwester Regina Kugler aus Mühlbach, in den 1990er Jahren restauriert.

Der diplomierte Krippenbaumeister Georg Bayerschmidt, der die Jahreskrippe von Pater Ewald Helldörfer übernommen hatte und von 1980 bis 2007 betreute, hat auch einen großen Fundus verschiedenster Kulissen geschaffen. Dazu verwendete er als Träger Spanplatten, die er mit Korkverblendungen im orientalischen Stil gestaltete. So entstanden Architekturteile wie Marktplatz, Stadttor und Mauern. Dieses Engagement setzt seitdem Oswald Neuner fort, der weitere Bauten fertigte und Hintergründe malte.

Vom Paradies bis zu Pfingsten

„Bis zu 20 Motive haben wir jedes Jahr aufgebaut", informierte Bayerschmidt. „Eine Krippe kann man nur nach den Figuren aufstellen, die man dafür hat, und nicht umgekehrt. Danach richtet sich das ganze Drumherum …" Dem Kir-

Anbetung der Könige ▲   Sternsinger ▼   Versuchung Jesu ▼   Salbung Jesu durch Maria Magdalena ▶

Einzug in Jerusalem ▲

Christus und die schlafenden Jünger am Ölberg ▼

chenjahr folgend werden Szenen aus dem Neuen und Alten Testament präsentiert. Außer den häufig dargestellten Bildern zu Weihnachten und zur Passion werden beispielsweise gezeigt: *Die Vertreibung aus dem Paradies, Das Opfer Abrahams, Daniel in der Löwengrube, Das salomonische Urteil, Das Haus Nazareth, Der gute Hirte, Der verlorene Sohn, Der reiche Fischfang, Jesus und die Ehebrecherin, Die Bergpredigt* (mit über 100 Figuren!), *Die Auferstehung* oder *Das Pfingstwunder.*

Als Besonderheit der Jahreskrippe gilt die Darstellung der Geburt Jesu in der Fränkischen Schweiz: Die Figuren sind in alter fränkischer Tracht, die von Mitgliedern des Frauenbundes angefertigt wurde, bekleidet, Gebäude nach dem Vorbild ortsüblicher Architektur gestaltet. Alles steht in der Kulisse einer typischen fränkischen Landschaft.

Krippe als Predigt

Zur Glaubensverkündigung der reichhaltigen und kunstvollen Krippe erklärte ein Guardian der Franziskaner dem Krippenbetreuer: „Du hast uns wieder eine schöne Predigt gestaltet!" Und in der Weihnachtszeit gehört die Basilika zu den seltenen Kirchen, die zwei Krippen beherbergt, eine zwölf Quadratmeter große orientalische und eine fränkische Weihnachtskrippe. Nicht versäumen sollte man den Besuch des Wallfahrtsmuseums neben der Basilika: Unter dem Motto „Leben ist Pilgern" kann man hier viel Ungewöhnliches entdecken, darunter über 100 fast lebensgroße Wachsfiguren, eine spezielle Art des Votivbrauchtums in Franken.

Georg Bayerschmidt und Oswald Neuner

Kreuzigung Jesu ▼

Verkündigung

Nicht nur zum „Schwäbischen Krippenparadies" und zum „Schwäbischen Barockwinkel" gehört die Kleinstadt Ichenhausen. Sie wartet auch mit drei prächtigen Schlössern aus verschiedenen Kunstperioden und drei überregional bedeutenden Museen zur Geschichte der bayerischen Schule, zum Judentum auf dem Lande und zu ostkirchlichen Ikonen auf. Äußerst vielfältig zeigt sich die Krippentradition: Im Stadtteil Hochwang wirkte der Pfarrer Alois Burger, 1917 der Gründer des Verbands Bayerischer Krippenfreunde. Diese Tradition setzt sich in einem bis heute sehr lebendigen Krippenbauen und Krippenschauen fort und dokumentiert sich auch mit einer Jahreskrippe mitten im Ort.

Ichenhausen

Pfarrkirche St Johannes Baptist, Heinrich-Sinz-Straße 4, 89335 Ichenhausen

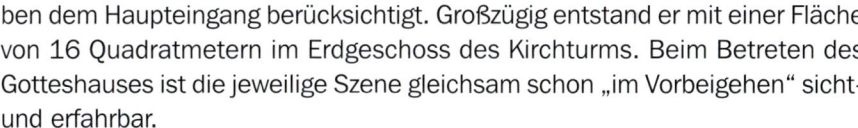

Mitte der 1960er-Jahre musste unter der Leitung von Dekan Karl Königsdorfer die Kirche neu gebaut werden, erhielt aber teilweise eine historische Ausstattung. Bei der Planung wurde ein eigener Krippenraum unmittelbar neben dem Haupteingang berücksichtigt. Großzügig entstand er mit einer Fläche von 16 Quadratmetern im Erdgeschoss des Kirchturms. Beim Betreten des Gotteshauses ist die jeweilige Szene gleichsam schon „im Vorbeigehen" sicht- und erfahrbar.

Mit der allerersten Szene *Der Taufe Jesu* wurde der Kirchenpatron geehrt. Es folgten die Darstellungen *Am Jakobsbrunnen*, *Die Predigt am See Genezareth* und dann die *Herbergssuche*. In der Anfangsphase wurde der Versuch sehr begrüßt, in der Weihnachtszeit die vollständigen Krippen von Vereinsmitgliedern auszustellen.

Viele Figuren von Ludwig Vogele

Die ausdrucksstarken Figuren der heutigen Jahreskrippe wurden meist von dem lokalen, akademischen Bildhauer Ludwig Vogele (1908-2000) geschaffen. Der „Altmeister der schwäbischen Krippenschnitzer" (Heribert Schretzenmayr) ist weit und breit bekannt und geschätzt. Er schuf Hunderte von Krippen, die im Ausland bis nach Amerika aufgestellt werden. Ein kräftiger Schnitt charakterisiert sein profiliertes Können. Ohne Modell oder Vorzeichnung wur-

Verkündigung an die Hirten ▲

Anbetung der Könige ▼

den die Figuren aus dem Holz herausgeschnitten.

In der Weihnachtszeit werden in der Ichenhausener Pfarrkirche frühere Arbeiten Vogeles gezeigt, vollplastische Figuren von 15 Zentimeter Größe. Zu anderen Szenen werden von Frau und Tochter bekleidete Gliederpuppen bis zu ca. 30 Zentimeter Höhe aufgestellt, deren Köpfe, Hände und Füße der Künstler gestaltet hat. „Die Größe ermöglicht eine lebendige Ausdrucksgestaltung der Köpfe, die einen nachhaltigen Eindruck beim Betrachter vermittelt", heißt es dazu 1969 im „Krippenfreund". Ältere Einheimische erkennen darunter den Krippenbauer und Brillenträger Heinrich Dullinger und den Waldstetter Johann Kircher, der die Hintergründe gemalt hat. Um seine Ausdruckskraft zu schulen, hat Kirchner mehrmals das Heilige Land besucht. Besonders amüsant wirkt in der orientalisch geprägten Krippe eine Figur mit einem Schnupftabakdöschen.

Äußerst praktische Drehbühne

Eine ungewöhnliche und wohl ziemlich einmalige Neuerung bildet seit 1981 eine Drehbühne, eine zeitsparende Einrichtung. Sie ist in drei Teile gegliedert. Während von vorne die aktuelle Krippenszene zu sehen ist, können in den zwei rückwärtigen Abteilungen neue Darstellungen vorbereitet werden.

Vor allem folgende Szenen, zu denen man aus etwa 80 Figuren auswählen kann, wurden oder werden aufgebaut: *Mariä Verkündigung, Heimsuchung, Herbergssuche, Geburt, Anbetung der Könige, Flucht nach Ägypten, Haus Nazareth, Taufe Jesu, Seepredigt, Versuchung Jesu, Frauen am Grab, Auferstehung, Himmelfahrt, Verlorener Sohn, Barmherziger Samariter.* Passend zu den Evangelien wird etwa monatlich gewechselt.

Modernes und Traditionelles

In mehreren Fachbüchern und Verbandszeitschriften wird die Jahreskrippe immer wieder gewürdigt. So wurde beispielsweise berichtet und bewertet: „Ein Arbeitsteam ist hier am Werk, das mit jeder neuen Aufstellung den vielen Betrachtern mit den bildlichen Darstellungen aus der christlichen Botschaft eine lebendige Vorstellung, verhaltene Besinnung und freudige Erbauung schenkt." (1969) „Die großzügige und großräumige Art, in der aufgebaut wurde, kommt auch der modernen Entwicklung des Kirchenbaues am weitesten entgegen. Es kommt dabei nicht nur das religiös Volkstümliche zur Wirkung, auch die alte und traditionelle Aufstellung findet hier sein ‚Comeback'." (1970) Oder: „Auffällig ist die Schönheit der Bauten und der Krippenlandschaft, die jedoch von

Taufe Jesu ▶

der Qualität der geschnitzten Figuren übertroffen werden." Und: „Besonders gekonnt zeigt sich aber die Kirchenkrippe von Ichenhausen, die den Besucher im Eingangsbereich empfängt, ihn einstimmt und seine Gedanken auf Wesentliches hinführt." (beides 2004) Noch etwas soll nicht unbeachtet bleiben: Auf eine Jahreskrippe trifft man in dem an Krippen reichhaltigsten Regierungsbezirk relativ selten.

Guido Scharrer

Literaturhinweise:
Franz Reißenauer / Heribert Schretzenmayr: Das Schwäbische Krippenparadies im Landkreis Günzburg, Neuausgabe Günzburg 1987
Erich Lidel: Die Schwäbische Krippe, Weißenhorn 1978

◀ Magd am Brunnen   Auferstehung ▼

Zug der Könige

Auch in kleinsten Orten kann man außergewöhnliche Krippen entdecken. Nahe dem Schloss Seehof, einst Sommerresidenz und Jagdschloss der Bamberger Fürstbischöfe, kann man in der neugotischen katholischen Herz-Jesu-Kirche in Kremmeldorf eine barocke Jahreskrippe mit insgesamt 180 restaurierten Figuren bestaunen.

Kremmeldorf

Herz-Jesu-Kirche, Kirchweg 4,
96117 Memmelsdorf-Kremmeldorf

„Statt den Glorie?nengel muß der goldene Stern oben schweben?!! Nachdem Tische, Priester Juden mit den Frauen entfernt sind, kommt das liebe Jesukind wieder in den Krippelein die Mutter Gottes mit hl. Joseph, rechts und lings gestellt. Die 4 Engel auf beiden Seiten des Stalles bleiben immer noch stehen, um Wache zu halten! Nun werden die drei Könige…"
Dieser noch vorhandenen, in altdeutscher Schrift verfassten „Anleitung zu den Krippevorstellungen" – einer chronologischen, teilweise fast leidenschaftlichen Beschreibung der früher aufgestellten Szenen der Kremmeldorfer Krippe – ist bereits zu entnehmen, mit welcher Ehrfurcht und Sorgfalt die Darstellungen aufgebaut wurden.
Bis in die 1950er Jahre wurde die Krippe im vorderen Teil des Kirchenschiffs offen zugänglich gezeigt. Das hohe Alter, häufiger Gebrauch und ungünstige Lagerung hatten im Laufe der Zeit jedoch deutliche Spuren hinterlassen. Anfang der 1990er Jahre ließ sie der Kapellenverein Kremmeldorf e. V. als Eigentümer von Kirche und Krippe schließlich fachkundig restaurieren. Seither wird die Krippe in einer speziell angefertigten, rundum geschlossenen Vitrine mit großflächiger Verglasung auf einer Fläche von ca. zwei Quadratmeter präsentiert, punktuell beleuchtet über Lichtfasertechnik zur Reduzierung der Wärmeentwicklung und UV-Strahlung.

Krippe wesentlich älter als Kirche
Mit der ganzjährig aufgebauten Krippe können zehn in unterschiedlichen Abständen wechselnde Szenen dargestellt werden. Neben *Verkündigung, Geburt Christi, Dreikönigsfest – Erscheinung des Herrn, Flucht nach Ägypten,*

Anbetung der Könige ▲

Bethlehemitischer Kindermord ▼

Hochzeit zu Kana werden auch eher seltene Darstellungen wie *Beschneidung des Jesu-Kindes, Kindermord, Maria Lichtmeß, Der 12-jährige Jesus im Tempel* und – als über einen längeren Zeitraum verbleibende Abschlussszene des Kirchenjahres – der *Arbeits- und Geschäftstag* gezeigt.

Die Krippe ist wesentlich älter ist als die kleine Kirche. Die Frage der Herkunft ist nahezu für die gesamte, zu großen Teilen spätbarocke Krippe kaum geklärt. Sicher ist nur die jüngere Geschichte: Ursprünglich im Besitz eines Pfarrers, vermachte sie dieser seiner aus Kremmeldorf stammenden Haushälterin, die sie dann wiederum der Kirche in Kremmeldorf schenkte, nachdem diese 1893 fertig gestellt war.

Über die frühere Geschichte der Krippe können nur Vermutungen angestellt werden. Anhand von vergleichbaren Krippen kann von einer Entstehungszeit eines Großteils der Figuren um die Mitte des 18. Jahrhunderts ausgegangen werden. Da auch mehr als drei Könige vorhanden und die Figuren aus unterschiedlichsten Materialien geschaffen sind, handelt es sich wahrscheinlich um eine Sammlung aus mehreren Krippen, die im Laufe der Zeit um viel kleinteiliges Zubehör und Gebäude etc. ergänzt worden ist.

Zahlreiche Figuren aus der Barockzeit

Heute umfasst der restaurierte Bestand der Krippe rund 130 Personen und 50 Tiere.

Die beweglichen Personenfiguren, von 6 bis 20 cm Höhe, sind allesamt bekleidet: Über den Rumpf – ein einfaches Holzklötzchen – sind teilweise reich verzierte und bestickte Gewänder gezogen, die meist noch aus den barocken Originalstoffen bestehen. Arme und Beine sind aus Holz mit Gelenken oder Draht mit Stoff umwickelt. Köpfe und Hände wurden sowohl aus Wachs als auch farbig gefasstem Holz, Keramik oder Gips gefertigt. Besonders die zahlreichen Wachsköpfe, deren Echthaar nur noch in Resten erhalten ist, beeindrucken durch ihre feinen Gesichtszüge und Augen aus schwarzen Glasperlen. Die Tiere – hauptsächlich Schafe, Ziegen, Kühe und Pferde, aber auch Elefanten, Kamele sowie Giraffen, Eisbär, Löwe und Krokodil – bestehen u. a. aus einer Art Papiergemisch oder Holz, zum Teil mit Leder überzogen.

Lebhafte Szenen mit vielerlei Zubehör

Vor zwei für die Vitrine neu geschaffenen Hintergrundbildern sorgen neben noch erhaltenen Gebäuden, wie z. B. Tempel, Palast, Geschäftshalle mit Dach

Der zwölfjährige Jesus im Tempel ▶

aus Glas, auch das umfangreiche kleinteilige Zubehör mit zahlreichen Pflanzen, Tischen, Stühlen, Geschirr, Speisen, Musikinstrumenten, Werkzeugen, Waffen etc. für lebhafte Szenen. Lediglich für das Weihnachtsgeschehen wurde eine komplett neue Landschaft aus Pappe geschaffen, da die früher üblichen Wurzeln, flächig ausgelegtes Moos usw. zum Schutz der Textilien nicht mehr verwendet werden können.

Mit der Entscheidung zur fachkundigen Restaurierung (trotz der hohen finanziellen Belastung u. a. auch durch denkmalpflegerische Auflagen wie Vitrine, spezielle Beleuchtung und Alarmanlage) und der ganzjährigen Ausstellung trägt der Kapellenverein Kremmeldorf bei, ein seltenes Kleinod zu erhalten und dieses auch weiterhin im Sinne des Krippengedankens zu präsentieren.

Gudrun Einwich

Musikanten ▲   Hochzeitsgäste ▲   Hochzeit zu Kana ▼

Verwandlung von Wasser in Wein ▼

Ziemlich ungewöhnlich erscheint heutzutage: In kurzer Zeitspanne entsteht in einer Dorfgemeinde eine wertvolle neue Jahreskrippe, deren künstlerische Figuren ausschließlich von Pfarrangehörigen finanziert wurden. Leiblfing im Gäuboden ist dies vorbildlich gelungen. Vermutlich wurde dort schon im 8. Jahrhundert eine Pfarrei gegründet, eine längst nicht mehr vorhandene Weihnachtskrippe ist ab 1674 überliefert, von 2004 bis 2007 wurde eine Jahreskrippe geschaffen, die von nah und fern rege besucht wird.

Leiblfing

Pfarrkirche Maria Himmelfahrt, Straubinger Straße 11, 94339 Leiblfing

Die Idee kam vom Frauenbund und den Landfrauen und zündete auch beim Pfarrer, der Kirchenverwaltung, dem Pfarrgemeinderat und etlichen aktiven Laien. Die erfahrenen Krippenfreunde Theresa und Guido Scharrer (Straubing) analysierten beratend die vielfachen Überlegungen. Klar war nur, dass eine Jahreskrippe in einem Beichtstuhl der Kirche gestaltet werden sollte und einige größere, renovierungsbedürftige, aber nicht recht alte Figuren dafür nicht geeignet schienen. Schließlich entschied man sich, qualitativ hochwertige Tripi-Figuren zu kaufen und alles andere – Gebäude, Landschaft, Hintergrund, Beleuchtung – selbst zu machen. Jede Szene sollte eigens konzipiert und gebaut werden. Und dies wurde durch mehrere Glücksfälle ermöglicht: Vor allem fertigte der äußerst engagierte Kunsterzieher Richard Kohlhäufl die komplette Ausstattung, zahlreiche Gemeindemitglieder – auch Nichtkirchgänger – spendeten erhebliche Summen, Pfarrer Martin Martlreiter (seit 2008 Präsident des Verbands Bayerischer Krippenfreunde) warb überzeugend für das Projekt, über das Medien – Zeitungen, Rundfunk, Fernsehen – gerne berichteten.

Überlegte Konzeption und perfekte Illusion

„Das war für mich das Erstaunliche", erzählt der Pfarrer, „zuerst gingen die Spenden nur zögernd und eher willkürlich ein. Die Leute wollten erst etwas sehen." Bald flossen die Gelder reichlich. „Das war noch nie da", hebt Martlreiter hervor, „sonst wird alles kritisiert, bei der Krippe wird alles akzeptiert." Die übrigen Kosten leistete die Pfarrei.

Lot auf der Flucht

Moses und das Goldene Kalb ▲

Geburt Christi ▼

Hinter der Jahreskrippe steckt nicht nur eine gewaltige Arbeitsleistung, sondern auch eine einfühlsame, bis ins kleinste Detail überlegte Gesamtkonzeption, abgestimmt auf die Bibel. Schon die meist etwa 25 Zentimeter großen, kaschierten Terrakotta-Figuren wurden sorgsamst ausgesucht, nicht wenige nach Zeichnungen Kohlhäufels in der Werkstatt der Krippenkünstlerin in Palermo als Unikat angefertigt. Ausdrucksstark wurden vor allem Gesten und Haltungen vorgegeben, die künstlerische Freiheit wurde aber nicht eingeschränkt. Deutlich über 100 orientalisch geprägte Figuren wurden nach und nach gekauft.

Die Ausstattung der Szenen versucht, eine in sich perfekte Illusion zu erzeugen: von der stimmigen, an der jeweiligen Zeit orientierten Konstruktion der unterschiedlichsten Gebäude über die passenden Figuren und die adäquate Landschaft, die sich nahtlos im gemalten, gewölbten Hintergrund fortsetzt. Damit wird ein wirkungsvolles Raumgefühl geschaffen. Dazu wird beim dreiteiligen Beichtstuhl als Krippenkasten stets ein Triptychon-Effekt berücksichtigt, der durch eine geschickte, variable Beleuchtung unterstützt wird. So wird der Betrachter auch zum Standpunktwechsel verleitet und muss sich mehrfach mit der Darstellung auseinandersetzen.

Sorgsame Aufbewahrung und geeignete Naturmaterialien

Auch an eine vorbildliche Aufbewahrung wurde gedacht. Was an Figuren gerade nicht eingesetzt wird, ruht einzeln in Fächern, Architektur- und Landschaftselemente lagern in einem Nebenraum hinter der Orgelempore in über sechs Meter hohen und überbreiten Regalen.

Die Gebäude und Landschaftsteile wurden hauptsächlich aus Styrodur gesägt und geschnitzt, mit Krippenmörtel bestrichen und mit Dispersions- oder Aquarellfarben bemalt. Kohlhäufl, der sich als Absolvent der Münchner Kunstakademie vor allem als Maler und Grafiker versteht, sparte nicht mit Material. Er verarbeitete Berge von Dämmplatten, verwendete die unterschiedlichsten, aber stets geeigneten Naturmittel wie Wurzeln, Strauchteile, Gräser und Steine. So gelingt es, dass jedes Bild vielseitig gestaltet wird und bewusst jeweils einen anderen Eindruck vermittelt: beispielsweise eine expressive Fluchtsituation, ein idyllischer See, eine weiche Landschaft oder eine realistische Morgenstimmung.

Hochzeit zu Kana ▶

Jesus am See Genezareth ▲

Wunder Jesu vor Damaskus-Tor ▼

Soldaten beim Grab Christi

Bibeltexte und Gespräche zur Erklärung

14 komplette Szenen wurden verwirklicht: *Mariä Verkündigung, Hl. Familie in der Grotte bei Bethlehem, Die Hl. Drei Könige, Flucht nach Ägypten, Berufung der ersten Apostel am See, Ölberg – Blutschwitzen und Gefangennahme, Entdeckung des leeren Grabes – Erscheinung vor Maria Magdalena, Hochzeit zu Kana, Der barmherzige Samariter, Heimkehr des verlorenen Sohnes, Heilung eines Blinden* sowie *Bekehrung des Paulus vor Damaskus, Moses und die zehn Gebote, Flucht des Lot aus Sodom*. Stets erläutern entsprechende Bibeltexte neben dem „Kasten" die Szenen, die auch die Krippengestalter bereitwillig erklären.

Zur Jahreskrippe kommen zahlreiche Familien, Kindergartengruppen, Schulklassen und auch immer wieder Busreisende. Sie können staunen über einen anschaulichen und lehrreichen „Religionsunterricht" – und nachdenken über die göttliche Botschaft und die christliche Symbolik.

Guido Scharrer

Literaturhinweis:
Thomas Althammer / Richard Kohlhäufl: Die Jahreskrippe Leiblfing, Norderstedt 2008

Bekehrung des Paulus ▼

Geburt Christi

Von weitem grüßt der „Heilige Berg" mit den zwei romanischen Türmen der (alten) Klosterkirche, das bedeutendste Bauwerk des Kleinen Labertals. Jahrhundertelang wirkte hier bereits eine Benediktinerabtei, die als „Sitz der Weisheit" gepriesen wurde. Seit 1869 hat das Mutterhaus der „Armen Franziskanerinnen von der Heiligen Familie" die seit der Säkularisation verweltlichten Gebäude übernommen und ausgebaut. Zu den vielfältigen Aufgaben der Mallersdorfer Schwestern in der Erziehung, Kranken- und Altenpflege gehört seit über 100 Jahren auch eine liebevoll gepflegte Jahreskrippe.

Mallersdorf

Krippenstube, Klosterberg 1, 84066 Mallersdorf-Pfaffenberg, links von der Pfarrkirche und der Einfahrt zum Klostergelände

Für die ersten Jahrzehnte kann die wechselhafte Geschichte der Krippe nur lückenhaft rekonstruiert werden. Als Gründungsjahr der Krippe taucht 1925 in einer Klostergeschichte das Jahr 1902 auf. Vor wenigen Jahren wurden allerdings etliche Figuren mit der Jahreszahl 1866 entdeckt. Zunächst war die Krippe in der Sakristei der Pfarrkirche aufgestellt, musste 1908 in einen Raum neben dem Kirchenportal umziehen und später in den Chorbereich. Schließlich wurde die Krippe in das Gebäude des „Torbogens der Landwirtschaft" verlegt, dann 1981 in das neue Exerzitienhaus „Nardini", wo sich der Standort nochmals änderte. Seit langem ist die Krippenstube aber jeden Tag öffentlich zugänglich.

Vor allem Vertiefung des Glaubens
Der gutbesuchten orientalischen Jahreskrippe kommt „erstrangig die Aufgabe der Glaubensvermittlung zu", heißt es 1993 in den Akten: „In gleicher Weise lautet ja auch der Sendungsauftrag unseres Stifters [Paul Josef Nardini 1821-1862]: Den Armen das Evangelium zu verkünden … Die wechselnden Krippenbilder halten sich deswegen auch möglichst eng an das Evangelium, ebenso die Texte." Das beweisen die Aufzeichnungen zu den etwa monatlich wechselnden Szenenfolgen, deren Aufbau variiert. Neben üblichen Darstellungen – streng nach dem Kirchenjahr – zum Weihnachtsfestkreis, zur Passion und Auferstehung sowie zu Pfingsten waren und sind auch relativ seltene Bilder zu se-

GLORIA IN EXCELSIS DEO

Anbetung der Könige ▲

hen: etwa *Die Arche Noah, Die Visionen des Propheten Jesaja* oder *Der Rang-streit der Jünger*. Auch *Das Paradies, Das Opfer Abrahams* und Episoden aus der *Franziskuslegende* wurden beispielsweise schon gezeigt.

Figuren aus unterschiedlichen Zeiten

Momentan besitzt die sechs Quadratmeter große Kastenkippe etwa 250 ge-schnitzte und bekleidete Figuren (und über 60 Tiere), die in Alter, Größe und Machart recht unterschiedlich sind und fast alle auswechselbare Köpfe ha-ben. Die meisten dürften um 1900 entstanden sein, aber auch heute kom-men manchmal noch neue dazu. Einige sind mit Kugelgelenken und kunstvol-len Gliedern ausgestattet, der größere Teil nur mit Drehgelenken, entweder et-wa 42 oder 27 cm hoch. 1986 klagte die Krippenschwester über die Figuren: „Seit Jahrzehnten hatte sie niemand Kundiger mehr in der Hand. Mitunter ha-ben sie drei Kleider übereinander an, aus jeder Epoche eines." Die Unterlagen belegen aber, dass dann fast alles möglichst fachkundig in mehreren Phasen restauriert bzw. Fehlendes ergänzt wurde. Erst 2012 wurde entdeckt, dass et-wa 40 Köpfe oder auch Figuren vom bekannten Münchner Bildhauer und Krip-

Der reiche Prasser und der arme Lazarus ▼

Das Gastmahl des Levi ▼

Wunderbare Brotvermehrung ▲

Christus und Zachäus ▼

Jesus am Ölberg ▲

Bischof Nikolaus und das Kornwunder ▼

penkünstler Otto Zehentbauer (1880-1961) 1949 bis 1957 geschnitzt wurden.

Vielfältiger und theatralischer Aufbau

Eine variantenreiche Gestaltung ermöglichen auch die zahlreichen Gebäude, von privaten Handwerkern oder der Klosterschreinerei hergestellt: ein mächtiger Palast, zwei Säle, Fronten von Häusern oder Burgen und sonst noch vielerlei an Kulissen. Der Fundus im separaten Magazin erscheint riesig. Zu Felsmassiven, Höhlen, Zelten, Palmen, Wurzelstöcken und anderen Landschaftsteilen bilden mehrere Hintergründe, meist von 1949 und nazarenisch beeinflusst, eine Besonderheit. Durch eine an- und abschwellende Beleuchtung, untermalt von musikalischen Klängen, wird der theatralische Effekt erhöht.

Die Mallersdorfer Jahreskrippe setzt sich zusammen aus vielfältigen Objekten, unterschiedlich nach Zeiten und Werten, wirkt jedoch besonders durch liebevolle und überlegte Betreuung als religiöser Auftrag. Kein Wunder, dass die Krippenschwester beteuert: „Da kommen Leute, die sind als kleine Kinder schon hereingetragen worden."

Sankt Martin

Guido Scharrer

Literaturhinweis:
Guido Scharrer: Die Jahreskrippe im Kloster Mallersdorf, In: Labertaler Lesebuch IV, Geiselhöring 1998, S. 58-62

David und drei Philister

Als die „Wiege der schwäbischen Krippenkunst" wird die reizvolle Kreisstadt Mindelheim bezeichnet. Den Grundstein legten die Jesuiten bereits Anfang des 17. Jahrhunderts mit der imposanten Barockkrippe in der Jesuitenkirche, etwa 80 einen Meter große Figuren. Besonders intensiv wird die Krippentradition bis heute gepflegt. In der von Türmen und Toren, Kirchen und Giebelhäusern vielfältig geprägten Altstadt können ganzjährig das Schwäbische Krippenmuseum und eine Jahreskrippe nahe dem schmucken Rathaus besichtigt werden. Die Spitalkrippe verfügt über eine besondere Geschichte.

Mindelheim

Spitalpassage (von der Maximilianstraße zur Imhofgasse)

Wie alle an Geschichte reichen Städte hatte auch Mindelheim ein Spital zur Versorgung der alten bzw. notleidenden Bürgerinnen und Bürger. Es wurde 1426 von Herzog Ulrich von Teck gestiftet. Die Kapelle wurde 1448 geweiht. Mehrfach umgestaltet erhielt das Gebäude in der Maximilianstraße sein heutiges Aussehen in elegant klassizistischem Formengut um 1830.

Figuren meist aus dem 18. und 19. Jahrhundert

Die Anfänge der Spitalkrippe liegen im 18. Jahrhundert. Figurengruppen aus verschiedenen Zeiten erweisen, dass die Krippe immer wieder erneuert und erweitert wurde. So stammt eine kleine Gruppe noch aus dem 18. Jahrhundert und eine größere aus der Biedermeierzeit (um 1820/30), die Figuren der größten Gruppe kommen aus der zweiten Hälfte des 19. Jahrhunderts und einige weitere aus den ersten Jahrzehnten des 20. Jahrhunderts, als die Mallersdorfer Schwestern die Krippe betreuten.

Ursprünglich diente diese Krippe zur Weihnachtszeit als Kirchenkrippe des Spitals. Erst bei der Renovierung der Kapelle im Jahr 1911 wurde ein eigener Krippenraum mit vergittertem Einblick im Vorraum geschaffen. Der Kunstmaler und Kreisheimatpfleger Ernst Holzbaur (Mindelheim) gestaltete später das große Landschaftspanorama für die Krippenbühne. Hier wurden die verschiedenen Szenen von der *Verkündigung an Maria* bis zur *Taufe Christi* und der *Hochzeit zu Kana* dargestellt. Landschaften entstanden aus Korkrinden, Tuffsteine bildeten Felsen, Tücher, Moos und Sand vervollständigten die Illusion.

Dazu kamen raffinierte Gebäude aus Holz, mit denen sich Tempel, Palastanlagen und ganze Städte inszenieren ließen. Viele Teile sind zum Glück bis heute erhalten und auch in der Neuaufstellung der Krippe immer wieder zu sehen.

Neuer Standort in Einkaufspassage

Wegen nötiger Umbauten im ehemaligen Altersheim erhielt die Krippe vor einigen Jahren einen neuen Platz in der Passage, die von der Maximilianstraße durch den Innenhof zur Imhofgasse und Frundsbergstraße führt. In Abstimmung mit Museumsleiter Christian Schedler plante ein Architekturbüro einen Bühnenraum mit anschließendem Figurendepot. Das Bauamt entwarf die neue Bühne und die Einrichtung des Depots. Der städtische Bauhof setzte die Pläne um und schuf die elektrischen Voraussetzungen für eine geeignete Beleuchtung sowie für das etwa 100 Jahre alte, beliebte segnende Jesulein und ein Spielwerk mit mehreren Melodien.

Orientierung an der Münchner Tradition

Der Mindelheimer Künstler Erwin Holzbaur († 2010) malte in guter Familientradition einen neuen Hintergrund für die wesentlich kleinere Krippenbühne.

Herbergssuche ▲   Abzug der Könige ▼

Der zwölfjährige Jesus im Tempel ▼   Bethlehemitischer Kindermord ▶

Bei der Gestaltung orientierte sich die Museumsleitung an Krippenschaukästen in Münchner Tradition, deren verengter Einblick den Aufbau der Landschaft erleichtert und die Bühnenwirkung der Szenerien erhöht. So gesehen ist diese neue Aufstellung für die Krippe förderlich, da die frühere Bühne fast zu groß war.

Neben den Szenen des Advents- und Weihnachtsfestkreises – wie *Mariä Verkündigung, Volkszählung, Herbergssuche, Hirtenverkündigung, Geburt, Drei Könige, Flucht nach Ägypten, Kindermord, Haus Nazareth, Der zwölfjährige Jesus im Tempel* – werden wechselnde Darstellungen des Alten und Neuen Testaments gezeigt, insgesamt 14 das Jahr über. Dazu zählen *David und Goliath, Hl. Grab, Auferstehung, Der reiche Fischfang* und *Der Kinderfreund*. Einschließlich der Tiere sind etwa 340 Figuren vorhanden. Die meist 26 bis 28 cm hohen Personen sind bekleidet und tragen Köpfe aus Holz, Ton oder Wachs. Seit 2007 baut Werner Fuchs, der ein privates, sehr reichhaltiges Krippenmuseum besitzt, die Szenen auf, nicht selten zwei in einem Bild. Nicht nur wegen der prächtigen Ausstattung gehört die beliebte Jahreskrippe wie die Türme zur Altstadt Mindelheims.

Christian Schedler

Der reiche Fischfang ▲

Musikanten bei der Hochzeit zu Kana ▼

Auferstehung ▼

Kain und Abel

Der Bürgersaal in der bayerischen Landeshauptstadt wurde 1709/10 nach Plänen des berühmten Barockbaumeisters von Giovanni Antonio Viscardi als Versammlungsraum der 1610 gegründeten „Marianischen Männerkongregation" gebaut. 1948 wurden in die dreischiffige Halle unter der Kirche die sterblichen Überreste des Seligen Pater Rupert Mayer überführt, der bis zu seinem Tod 1945 Präses der Gemeinschaft war. Die Jahreskrippe hat seit 1947 ihren Platz in dieser Unterkirche, also mitten in der zentralen Fußgängerzone.

München

Bürgersaal, Neuhauser Straße 14, 80333 München

Der akademische Kunstmaler Theodor Gämmerler (1889-1973) wurde 1947 als hauptamtlicher Krippenpfleger an den Bürgersaal berufen und hat diese Krippe bis 1968 ausgebaut. Er machte sie zu seiner Bühne und zeigte Szenen der Bibel auf eine Art, die inspiriert war von Münchner Theater-Inszenierungen der Nachkriegszeit.

Nach seinen Plänen wurde unter der linken Treppe ein Raum gestaltet, der Platz hat für ein kleines Requisiten-Lager und für einen fast quadratischen Bühnenraum. Dieser hat eine Tiefe von 2,40 Metern, eine Breite von 2,30 Metern und eine Höhe von 1,80 Metern. Eine Besonderheit bildet die Wölbung des gesamten oberen Abschlusses zu einer halbrunden Apsis, die das Himmelsgewölbe samt Sternenhimmel (kleine, von hinten beleuchtete Öffnungen) nachahmt.

Kunstfertigkeit und Perfektion

Bis heute existiert ein geschlossener Fundus: Dazu gehören kunstvoll gemalte Kulissen-Aufsteller, Häuser und Architekturteile, Vegetations-Material, feines Mobiliar für Innenräume, Tiere aller Art und Größe sowie über vierzig Figuren mit auswechselbaren Köpfen, die Josef Hien (1925-2017) vorgefertigt und Gämmerler zu Charakterköpfen ausgearbeitet hat. Hinzu kommen sorgfältig genähte Kleider, die Wilgefort Gämmerler (geborene Kolmsperger) in Perfektion an die Figuren angepasst hat.

Jährlich hat Gämmerler zehn „Bilder" gezeigt. Die orientalischen Szenen aus seinen frühen Jahren sind nur in Schwarzweiß-Fotos überliefert. Sein eigentli-

Anbetung der Könige

ches Ziel war die „deutsche Krippe" – die allerdings durch Details in Architektur und Bekleidung eher eine „münchnerische" Krippe war. Vielleicht hat das Trauma des Zweiten Weltkrieges bewirkt, dass er im Krippen-Maßstab sein altes München wiedererstehen lassen wollte.

Zahlreiche historische Aufnahmen

Einen direkten Nachfolger hat Gämmerler nicht eingearbeitet. Die Krippe wurde ab 1968 von wechselnden Krippenbauern betreut. Im Februar 2013 wurde Annette Krauß zur Krippenbauerin ernannt, unterstützt von Klaus Schießler, dann von Maximilian Gumpp. Für die Arbeit stehen alte Aufnahmen von Gämmerler-Szenen zur Verfügung. Das Ziel ist, sich den historischen Szenen anzunähern, aber auch eigene Lösungen zu finden.

Vier Punkte sind bei diesem Unternehmen eine besondere Herausforderung. Zum ersten: Die Figuren tragen Benutzungs-Spuren der vergangenen siebzig Jahre. Viele Figuren wurden nach Fotos möglichst originalgetreu wieder eingekleidet. Zum zweiten: Die Architekturteile sind kaum beschriftet. Es gibt keine

◀ Herbergssuche mit Flüchtlingen von heute

Taufe Jesu

Verspottung Jesu

Vorbild und Varianten

Besonders gelungene Beispiele für den Einsatz von Licht gibt es. Beispielsweise wurde für die berühmte Gämmerler-Szene *Kain und Abel* die Innen-Beleuchtung der Altar-Feuer auf LED umgestellt. Bei der *Verspottung Christi* erhöhen rotes Licht und Gitter-Schatten expressiv die Dramatik. Bei der *Rettung des Paulus an der Stadtmauer von Damaskus* beleuchtet ein Vollmond die nächtliche Aktion. Und in der *Todesstunde von Pater Rupert Mayer* – hierzu liegt kein historisches Krippen-Foto vor – sitzen die Gämmerler-Typen mit Kniebundhosen und weiten Röcken in den Kirchenbänken der Kreuzkapelle, als geschehe es gerade eben.

schriftlichen Aufzeichnungen darüber, was zueinander gehört; manches muss als verloren gelten. Zum dritten: Gämmerler war ein Meister der Beleuchtung. Seine originalen Miniatur-Theaterlampen wurden vom Brandschutz entfernt. Es wird versucht, mit modernen Leuchtkörpern ähnliche Lichtstimmungen zu erzeugen. Zum vierten: Gämmerler war ein Meister der Verunklärung des Raumes. Er hat die Bühne in unterschiedlichen Höhen und Tiefen gestuft, gestaffelt und geneigt. Beim Gestalten des Raumes kann man viel von dem großen Meister Gämmerler lernen.

Vorsichtig wird zuweilen versucht, das große Vorbild zu variieren. Zur *Herbergssuche* 2015 standen Afrikaner in Pullover und Hose auf der Straße, mit Plastiktüten in der Hand, während gleich nebenan Josef um ein Quartier bittet – ein behutsamer Versuch, diese historische Krippe in unsere Zeit zu übersetzen.

Annette Krauß

Literaturhinweise:

Judith Ortner: Die Gämmerler-Krippe in der Unterkirche, In: 400 Jahre Marianische Männerkongregation am Bürgersaal zu München, Regensburg 2010, S. 127-132

Marianische Männerkongregation am Bürgersaal zu München (Hrsg.): Krippen-Kalender, München 2015

Pater Rupert Mayer in seiner Todesstunde in der Kreuzkapelle am 1. November 1945

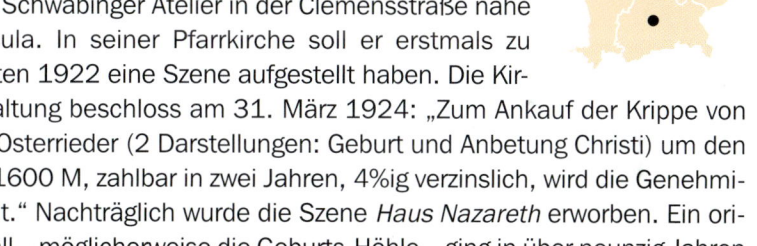

Moses und die zehn Gebote, Tanz ums Goldene Kalb

Italienisches Flair verbreitet die Pfarrkirche Sankt Ursula am Kaiserplatz in München-Schwabing durch ihre Kuppel und den freistehenden Campanile. Sie wurde 1897 von August von Thiersch im Stil der Neo-Renaissance errichtet und wird liebevoll „Schwabinger Dom" genannt. Bürger stifteten die Inneneinrichtung – dabei dachten sie zunächst nicht an eine Krippe. Erst 25 Jahre später wurde eine Osterrieder-Krippe beim Künstler erworben. Zusätzlich wurde – vermutlich nach 1950 – eine Jahreskrippe begründet, die ein wechselvolles Schicksal hatte.

München

Pfarrkirche Sankt Ursula, Kaiserplatz 1, 80803 München

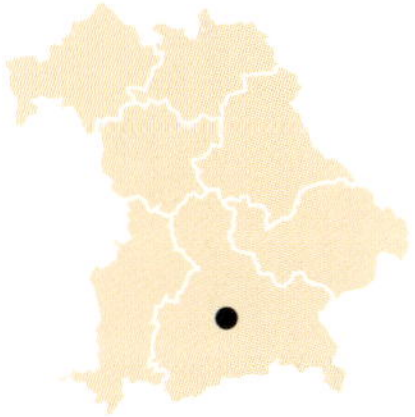

Der Krippenkünstler Sebastian Osterrieder (1864-1932) hatte sein Schwabinger Atelier in der Clemensstraße nahe Sankt Ursula. In seiner Pfarrkirche soll er erstmals zu Weihnachten 1922 eine Szene aufgestellt haben. Die Kirchenverwaltung beschloss am 31. März 1924: „Zum Ankauf der Krippe von Professor Osterrieder (2 Darstellungen: Geburt und Anbetung Christi) um den Preis von 1600 M, zahlbar in zwei Jahren, 4%ig verzinslich, wird die Genehmigung erteilt." Nachträglich wurde die Szene *Haus Nazareth* erworben. Ein originaler Stall – möglicherweise die Geburts-Höhle – ging in über neunzig Jahren ebenso verloren wie der Verkündigungs-Engel.

Kaum Erhaltung von Dokumenten

Zu dem Bestand von 45 Osterrieder-Figuren einschließlich massiver Holzhäuser von 1922 kamen wohl nach 1950 noch rund zwanzig geschnitzte und orientalisch bekleidete Figuren mit Drahtgelenken hinzu, geeignet für eine Jahreskrippe. Dieser Künstler und die damaligen Krippenbauer sind unbekannt. In den 1960er Jahren hat Elisabeth Andessner (1888-1976), „Oberhortnerin" der Pfarrei, mit ihren eigenen Wachs-Figuren Szenen in einem Beichtstuhl aufgestellt. Schließlich wurde eine Vitrine gezimmert, die im östlichen Querschiff steht. Die Bühne hat eine Breite von 1,80 Metern und eine Tiefe von nur einem Meter.

Verkündigung an Maria ▲

Aufbruch der Könige ▼

Aufbau einer Jahreskrippe

Im Januar 2007 hat Annette Krauß begonnen, ganzjährig diese Krippenvitrine zu bespielen. Dabei werden zwischen Advent und Lichtmess die Osterrieder-Figuren gezeigt, in wechselnden Szenen: *Die Verkündigung, Der Traum des Josef, Die Rast der Könige, Die Herbergssuche, Die Geburt mit Hirten, Die Anbetung der Könige, Die Flucht nach Ägypten.* Hinzu kommt eine Sommer-Szene mit Osterrieder-Figuren: *Das Haus von Nazareth* oder *Der gute Hirte* oder *Die Brautsuche des Isaak.*

Die übrigen Szenen der Jahreskrippe zwischen Lichtmess und Christkönig stammen aus dem Alten und Neuen Testament sowie aus Heiligenlegenden. Dafür wurden die zwanzig bekleideten Holz-Figuren hergerichtet und der Bestand durch günstige Ankäufe auf vierzig Figuren erweitert. Die Kulisse eines unbekannten Malers wurde links und rechts fortgesetzt und darüber ein Taghimmel gemalt. Besondere Attraktion an Weihnachten ist der einzuwechselnde Nachthimmel, der mit winzigen Lichtpunkten aus Glasfaser-Kabel die Konstellation der Gestirne zur Zeit von Christi Geburt im Heiligen Land zeigt.

Inspiration von Künstlern

Die Aufstellung der Figuren ist zuweilen inspiriert von Gemälden älterer Maler. So orientieren sich die chaotisch gekreuzten Folter-Stangen bei der *Geißelung Christi* am Bild von Tizian in der Alten Pinakothek. Eine dramatische *Kreuzabnahme* im frühen Morgenlicht zeigt das Herabsinken des Leichnams ähnlich wie auf dem Gemälde von Rubens im Museum von Lille. Hier ist das Internet eine große Hilfe bei der Suche nach Bildmotiven, die bei der Gruppierung von Figuren und bei der dramaturgischen Beleuchtung Vorbild sein können.
Wichtig ist die Variation der Szenen: Mal handlungsreiche mit vielen Figuren, dann wieder ruhige, konzentrierte Darstellungen; mal Straßenszenen wie die *Rast der Könige vor dem Stadttor Jerusalems*, dann Darstellungen in der freien Landschaft wie die *Versuchung Jesu*. Ein großer Innenraum, der die ganze Bühne ausfüllt, ist wahlweise Zimmer, Tempel oder Saal – für den *Besuch des Franziskus beim Sultan* mit arabischer Dekoration. *Die Grablegung und der Ostermorgen* werden in einer raumfüllenden Höhle dargestellt. Zum Patrozinium im Oktober drängen sich *Die heilige Ursula und elf Jungfrauen* in einem Schiff auf dem Rhein.
Immer wird in einem Aushang die jeweilige Geschichte kindgemäß nacher-

Versuchung Jesu in der Wüste ▶

zählt, und es werden Fragen nach sichtbaren Details gestellt. Damit ist die Krippe ein Anziehungspunkt für Kinder, aber auch viele Erwachsene schätzen, dass sie die Szenen für sich meditieren können und Kindern und Enkeln zu erläutern wissen.

Annette Krauß

Literaturhinweis:
Hermann Vogel: Sebastian Osterrieder – Der Erneuerer der künstlerischen Weihnachtskrippe, Lindenberg 2. Auflage 2012

Geiselung Christi (nach Tizian) ▲

Jesus vor Pilatus (nach Mihály Munkacsy) ▼

Überfall der Hunnen auf St. Ursula und elf Jungfrauen in einem Schiff auf dem Rhein bei Köln ▲

Thalkirchen, um 1900 nach München eingemeindet und heute besonders durch den Tierpark Hellabrunn bekannt, diente lange Zeit der Heilung von Körper und Seele der Menschen. Die „Prießnitz-Wickel" kurierten hartnäckige Schmerzen bei Entzündungen und Brüchen und bildeten eine Grundlage für das Wirken des Sanatoriums (1843). Für seelische Heilung fanden seit dem späten Mittelalter Wallfahrten statt. Seit 1990 wallfahrten alle fünf Jahre die Flößer zur Kirche St. Marien, denn Thalkirchen ist Endstation der Isarfloßfahrten von Wolfratshausen aus. Der Frauendreißiger (vom 15. August bis zum 14. September) wird besonders gefeiert. Auch durch eine Jahreskrippe wird die Lebendigkeit des Glaubens unterstützt.

München Thalkirchen

Kirche St. Mariä Himmelfahrt, Fraunbergplatz 1,
81379 München

Schon lange wünschte sich die Pfarrgemeinde eine Jahreskrippe. Das Festjahr 1990 mit dem Jubiläum „600 Jahre Wallfahrt nach Thalkirchen" bot den richtigen Anlass. Die Mitglieder der Kirchenverwaltung hatten sich schnell auf eine Krippe im alpenländischen Stil geeinigt.
Als Hintergrund wählte man ein Gemälde des alten Ortes Thalkirchen, wie er um das Jahr 1820 ausgesehen hat: Nur wenige Gebäude umstehen die Kirche, und das Isarhochufer ist weitgehend unbebaut. In dieser Landschaft dominiert der Kirchturm mit seiner originellen Haube. Das Original des Prospekts, das von einem unbekannten Künstler gemalt wurde, befindet sich im Münchner Stadtarchiv.

Zwischen alpenländisch und orientalisch

Bewusst haben die damaligen Verantwortlichen die Geburt und das Leben Jesu Christi hineingesetzt in die Pfarrgemeinde, nach den Worten des Lyrikers Angelus Silesius (1624-1677): „Und wäre Christus tausendmal geboren – jedoch nicht in deinem Herzen – du wärest auf immer verloren."
Völlig konsequent ließ sich eine rein alpenländische Krippe dann doch nicht umsetzen. Im Laufe der Zeit kamen Szenen und Figuren hinzu, die sich von diesem Stil lösten und sich den Originalschauplätzen im Heiligen Land an-

Vertreibung aus dem Paradies

Anbetung der Könige ▲

Die Krippenbilder folgen, wenn möglich, dem Lesejahr. Es werden aber auch

passten. Das bedeutet aber für den Krippenbetreuer immer wieder einen spannenden Spagat zwischen alpenländisch und orientalisch und eine Herausforderung seines Einfallsreichtums. Kitsch sollte vermieden werden.
Die Krippenbilder folgen, wenn möglich, dem Lesejahr. Es werden aber auch Szenen aus dem Alten Testament wie *Adam und Eva, Kain und Abel* und die *Opferung Isaaks* dargestellt. Bilder aus dem Gemeindeleben wie *Frauendreißiger, Flößerwallfahrt* oder *Fronleichnamsprozession* runden die Jahreskrippe zu einer menschennahen Darstellung ab.

Vielfältige Architektur und kostbare Nachbildungen

Die inzwischen über 90 Figuren sind geschnitzt und bekleidet und ca. 26 cm hoch. An Architektur stehen eine Kapelle, eine Bauernstube mit Einrichtung, ein Bauernhaus mit Stall im Wechsel mit Wohntrakt, ein Wirtshaus, ein Tempel, eine Nachbildung der Via Dolorosa und ein Floß zur Verfügung. Besondere Kostbarkeiten bilden zwei Miniaturnachbildungen der Flößerprozessionsstangen in der Kirche. Als originell gilt die Portraitschnitzerei des Krippenpfarrers, der die Züge des ehemaligen Stadtpfarrers Monsignore Josef Grabmaier aufweist.

Zusammenwirken von Pfarrei und Bildhauer

Das Ungewöhnliche an dieser Jahreskrippe ist, dass sie in ständigem Austausch seit der Auftragsvergabe 1989 an den damals noch sehr jungen Tobias Haseidl (* 1964) aus Oberammergau und der Kirchengemeinde entstanden ist. So konnten die Vorstellungen der Verantwortlichen und die fachlichen Ratschläge des Holzbildhauers zusammenfließen und verwirklicht werden. Pfarrer Grabmaier (1925-2012) und Diakon Franz-Joseph Weppelmann (*1944) hatten einige Schnitzschulen besucht und waren auf Tobias Haseidl (* 1964) gestoßen. Gleich nach der Ausbildung begann der Bildhauer mit der Arbeit. Die persönlich-berufliche Entwicklung lief mit dem Aufbau der Jahreskrippe parallel. So kann man beispielsweise an den Händen die Verbesserung des Schnitzens feststellen. Der Bruder Herbert Haseidl (* 1952), ebenfalls Holzbildhauer, unterstützte zunächst den Jüngeren. Von tiefen und teilweise zaghaften Schnitten entwickelte sich die „Handschrift" von Tobias Haseidl zu einer kompakten, geschlossenen Art der Gestaltung der Formen. Damit erreicht er eine Konzentration des Betrachters auf das Wesen der Figur. Schwierig war die Darstellung des nackten Menschen, da anatomisch genau gearbeitet werden musste.

Taufe Jesu ▼

Heilung des Gelähmten ▶

Versuchung Jesu ▲

Wallfahrt zum Gnadenbild ▲

Nach einer längeren Pause im Ausbau begann nach der Jahrtausendwende mit dem Krippenpfleger Jürgen Hennig eine neue Phase. Wann ist eine Jahreskrippe vollendet? Jahreskrippen können der Wirklichkeit sehr nahe sein und auch die unendliche Geschichte des Lebens erzählen.

Jürgen Hennig

Kreuzweg ▼

Wallfahrt der Flößer ▼

Äußerst bedeutungsvoll für Geschichte, Kultur, Wirtschaft und Technik war und ist die Frankenmetropole Nürnberg: Verkündung der „Goldenen Bulle" als wichtigstes „Grundgesetz" für das Heilige Römische Reich Deutscher Nation, Aufbewahrung der Reichsinsignien, Mittelpunkt für Wissenschaftler, Künstler und Spielzeugmacher, „Traum" für Romantiker, Symbol für Glanz und Elend des Nationalsozialismus, heute Stadt des Friedens und der Menschenrechte. Gleich am Hauptplatz mit dem „Schönen Brunnen" kann man auch in der wertvollen Frauenkirche eine kleine neue Jahreskrippe entdecken.

Nürnberg

Frauenkirche, Hauptmarkt, 90403 Nürnberg

Die gotische Hallenkirche, anstelle einer Synagoge im Auftrag von Kaiser Karl IV. als Hofkapelle um 1355 erbaut und mit dem Namen des Prager Hofarchitekten Peter Parler verbunden, ist für vielerlei berühmt. Von der Empore der Fassade von Adam Kraft wird jährlich der Christkindlesmarkt eröffnet. Täglich warten mittags zahlreiche Zuschauer auf das „Männleinlaufen" unter der astronomischen Uhr: Die sieben Kurfürsten huldigen Kaiser Karl IV., einem der einflussreichsten europäischen Herrscher des Spätmittelalters. Im Inneren der Kirche, im Zweiten Weltkrieg von Bomben „zerschmettert, zerschlagen, zerfetzt" und später mehrfach restauriert, empfangen kostbare Kunstwerke den Besucher. Dazu zählen vor allem die Tafelbilder des Tucheraltars (um 1445). Ebenso bedeutsam sind Skulpturen von hoher Qualität aus unterschiedlichen Materialien und Jahrhunderten, etwa eine Anbetung der Könige (um 1350) oder ein Verkündigungsengel (anfangs 16. Jahrhundert).

Zunächst andere Krippen

Als Initiatorin der Jahreskrippe gilt Luise Böhm († 2007), die unweit der Frauenkirche wohnte, Mitglied der Pfarrgemeinde „Unsere Liebe Frau" war und 1954 den Verein der Nürnberger Krippenfreunde gründete. Als Kunsterzieherin in Amberg tätig schuf sie die erste Krippe für die Frauenkirche an der rechten Säule zum Chorraum: Die ca. 80 cm großen Figuren zeigten die Anbetung der Hirten und Könige. Sie wurden 1993 von der jetzigen geschnitzten Krippe abgelöst. In dieser Zeit begann der Ausbau zur Jahreskrippe, die zunächst in

Erwachsene und Kinder auf dem Weg zu Jesus

Gleichnis vom barmherzigen Samariter ▲

Heilung des Taubstummen ▼

einem nicht genutzten Beichtstuhl aufgestellt wurde. Ab 1986 wurde sie an der Mitte der Südseite in einen Krippenkasten eingebaut, relativ klein, aber recht zweckmäßig. Das Schaufenster ist jeweils seitlich und unten von Schrankelementen umgeben, in denen man viele Teile länger lagern kann.

Alles aus einer Provenienz

Seit 1994 betreut Peter Reus (Altdorf bei Nürnberg) die Jahreskrippe. Es waren weder alte, noch historische oder künstlerisch wertvolle Figuren und Bauten vorhanden und keine Sponsoren in Sicht. Also wurde das jeweils Notwendige selbst angefertigt. Auf Kunststoffgliedertorsos wurden Köpfe aus Keramin gegossen und modelliert, gefasst und bekleidet, eine Gemeinschaftsarbeit mit seiner Frau Edith. So entstanden über 50 ca. 20 cm große Figuren, die wechselnde Landschaften und Architekturteile bevölkern.

Jeweils nach Sonntagsevangelien werden jährlich etwa 12 bis 15 Darstellungen aufgebaut. Neben bekannten Szenen zu Weihnachten und Ostern – da könnte man mehrmals in der Woche umgestalten – werden beispielsweise gezeigt: *Der Jüngling von Naim, Die arme Witwe im Tempel, Der barmherzige Samariter, Der Weinberg des Herrn* oder *Der Sturm auf dem See*. Manchmal wurde eine ganz neue Szene entwickelt.

Besonderer Krippenbauer

Die zahlreichen Kulissenteile, untereinander vielfach kombinierbar, bestehen hauptsächlich aus Holz, Dämm- oder Styrodurplatten und Steinen. „Wenn ich etwas Besonderes will, baue ich das eben", erläutert Reus und nennt dazu den See Genezareth oder eine Wüstenlandschaft. Eine große Rolle spielt die Beleuchtung, da man „mit Licht viel machen kann", überzeugt der gelernte Elektroinstallateur. Eingesetzt werden verschiedene LEDs, normale Scheinwerfer, Spots oder Strahlerlampen.

Peter Reus (* 1945), seit Jahrzehnten engagiert in führenden Positionen im Bayerischen Krippenverband und zwei seiner Ortsvereine, baut seit seiner Jugendzeit zahlreiche Krippen und sammelt andere, beschickt Ausstellungen und betreut noch weitere Jahreskrippen. Als Höhepunkt seines Schaffens hat er sich ein eigenes Krippenmuseum mit fast 250 Quadratmetern eingerichtet, eine qualitätsvolle Krippenwelt.

Wunderbare Brotvermehrung ▶

Jesus der Kinderfreund ▲

Erscheinung des Auferstandenen vor den Jüngern ▼

Der geborene Bamberger wurde als „Krippenbauer per excellence", als ein „begnadeter Vereinsmensch" und „lebendes Gedächtnis des Verbands" gewürdigt. Er ist eben mit fast allen „Krippenwassern" gewaschen und hat sich seine Individualität bewahrt.

Natürlich hat er auch in der Frauenkirche die Besucher der Jahreskrippe beobachtet: „Sie wird betrachtet und beachtet von Leuten, die sonst kaum eine Krippe sehen oder eine Beziehung dazu haben." Manchmal sträubten sich allerdings die Haare, wenn Kinder fragen, Erwachsene ihnen aber Falsches erklären.

Peter Reus und Guido Scharrer

Literaturhinweis:
Peter Reus: Krippen in Nürnberg, Bamberg 1998

Priester ▼

In der heute größten mittelalterlichen Altstadt Deutschlands, nahe dem bedeutendsten Dom der süddeutschen Gotik, liegen Kloster und Kirche der Karmeliten. 1634 wurden sie von Kaiser Ferdinand II. nach Regensburg gebeten. Die politische Bedeutung der Stadt war durch den „Immerwährenden Reichstag" (1663-1803) gewachsen. In diese Zeit reicht auch die vielfältige Krippenkultur der heutigen UNESCO-Welterbe-Stadt zurück. Speziell in der Karmelitenkirche werden alte Traditionen gepflegt, wie die Christkindl-Andachten vor dem Prager Jesulein, die Josefs-Mittwoche, die Skapulierandachten und das Aufstellen einer Krippe. Schon vor der Entstehung der Jahreskrippe wurde regelmäßig in der Advents- und Weihnachtszeit eine Krippe aufgebaut, mit großen, aus Holz geschnitzten, gefassten Figuren.

Regensburg

Karmelitenkirche, Alter Kornmarkt 6, 93047 Regensburg

Die Entstehung der Jahreskrippe kann zeitlich genau festgestellt werden. 1975 bei einem Abend des Krippenvereins Regensburg wiederholte Frater Martin aus dem Regensburger Karmelitenkonvent St. Josef erneut seinen Wunsch, die schon bestehende „Karmeliterkrippe" zu einer Jahreskrippe auszubauen. Von dieser Idee überzeugt beschlossen Raimund Pöllmann, damals Schriftleiter des „Bayerischen Krippenfreundes", und seine Frau Christine, mit eigenen Figuren und eigenen Kulissen als erste Darstellung *Mariä Verkündigung* zu gestalten. Die bisher verwendeten Figuren aus dem Besitz des Klosters hätten mit Maria und dem Kind, Josef, den Königen, dem Engel, den verschiedenen Tieren, wie z. B. Esel, Schafe und Kamele, nur den Weihnachtskreis abdecken können. So erklärten sich beide bereit, alle künftigen Figuren selbst anzufertigen, diese leihweise dem Kloster zu überlassen und die einzelnen Szenen im Vorraum der Kirche aufzubauen, wo schon Generationen von Kirchenbesuchern „ihr Kripperl" fanden.

Mehr als 65 verschiedene Szenen
Neben den traditionellen Advents- und Weihnachtsdarstellungen, wie *Verkündigung*, *Heimsuchung*, *Herbergssuche*, *Weihnachten*, *Dreikönig* und *Die Hochzeit zu Kana* wurden bisher auch weniger bekannte Szenen gezeigt, wie z. B.

Anbetung der Könige

Mariä Geburt, Mariä Himmelfahrt (und weitere Darstellungen aus dem Marienleben), *Das letzte Abendmahl*, *Abschied Jesu von seiner Mutter*, *Die Geißelung* (und andere Fastendarstellungen), *Pfingsten*, *Der Tod des hl. Josef*, *Die Berufung des Matthäus*, *Die Königin von Saba bei Salomon*, *Hagar in der Wüste*, *Der Abschied der beiden Apostel Petrus und Paulus in Rom*, *Die Segnung Jakob von Josefs Söhnen* oder *Rut und Noomi*. Auf diese Weise entstanden im Laufe von über 40 Jahren mehr als 65 verschiedene Krippenszenen aus dem Alten und Neuen Testament in jeweils neuer Gestaltung.

Große Tiefenwirkung und starker Hell-Dunkel-Kontrast

Der Umbau der einzelnen Szenen erfolgte in den ersten zwölf Jahren regelmäßig alle vier Wochen, im Weihnachtskreis natürlich öfters. Die Figuren und Kulissen mussten zunächst für jede Darstellung extra angefertigt werden. Da der Krippenraum verhältnismäßig klein ist, steht für die Krippengebäude nur eine Grundfläche von ca. einem Quadratmeter zur Verfügung. Das hat zur Folge, dass die einzelnen Szenen vorwiegend Innenräume mit Ausblick ins Freie sind und eine Gestaltung von großen Landschaften fast unmöglich macht. Die Kulissen werden in der für viele Regensburger Krippen typischen Kartonbauweise

Darstellung im Tempel

Emmaus

Pfingsten ▶

Geburt Mariens

Mariä Himmelfahrt

Ähnlichkeiten zu neapolitanischen Figuren

Die Figuren wurden damals und werden heute noch von Raimund Pöllmann gefertigt, die Köpfe aus Ton modelliert, gebrannt und gefasst, Hände und Füße aus Linden- oder Zirbenholz geschnitzt und gefasst. Die Körper werden ähnlich den neapolitanischen Krippenfiguren aus Draht und Werg gestaltet. Die Bekleidung entwirft und fertigt Christine Pöllmann, barock historisierend oder vereinzelt auch orientalisch. Die Größe der Figuren schwankt zwischen 30 cm und 35 cm. Mittlerweile stehen mehr als 170 Figuren zur Verfügung, die es ermöglichen, die verschiedensten Szenen aus dem Alten und Neuen Testament zu realisieren.

Raimund und
Christine Pöllmann

Literaturhinweise:

Kloster St. Joseph der Teresianischen Karmeliten Regensburg (Hrsg.): Seit 1635 Karmeliten in Regensburg, Regensburg 1985

Kloster St. Joseph der Unbeschuhten Karmeliten Regensburg (Hrsg.): 1635-1985, 350 Jahre Karmeliten in Regensburg, Regensburg 1985

Bayerischer Krippenfreund, Heft Nr. 349, Sept. 2009, S. 67-72

angefertigt. Diese Methode wurde von Hans Buhl sen. und Raimund Pöllmann Anfang der 1960er Jahre bei der Gestaltung der Kirchenkrippe von St. Emmeram entwickelt. Für die Jahreskrippe der Karmelitenkirche wurden und werden die Bauten perspektivisch konzipiert, um eine möglichst große Tiefenwirkung zu erzielen. Ohne „Krippenmörtel" werden sie nur bemalt, allerdings bereits mit Licht und Schatten. Durch diese Art kann ein sehr starker Hell-Dunkel-Kontrast mit nur wenigen Lichtquellen erreicht werden, der typisch für eine „Pöllmann-Krippe" ist.

Lukas als Maler der Madonna

Anbetung der Könige

Auf dem Kreuzberg, einer grünen Insel mitten in der oberpfälzischen Stadt, steht die Wallfahrts- und Klosterkirche „Unserer Lieben Frau", heute ein beliebtes Ausflugsziel. Anfang des 17. Jahrhunderts war hier der Galgen durch drei Kreuze ersetzt worden, 1678 hatte eine vielbesuchte Wallfahrt begonnen. Nach einem Bombenangriff 1945 völlig zerstört, wurde die Kirche im modernen Stil von 1949 bis 1951 wieder aufgebaut und wird seit 2009 von indischen Karmeliten betreut. Im eindrucksvollen Gotteshaus präsentiert sich eine besondere Jahreskrippe.

Schwandorf

Kreuzbergkirche Seitenkapelle, Kreuzberg 3,
92421 Schwandorf

Als Ausdruck barocker Frömmigkeit wurden auch in Schwandorf die Darstellung der Krippe und der Aufbau des Hl. Grabes gepflegt. So wird 1740/1741 die Existenz einer Krippe auf dem Kreuzberg dokumentiert. Die verhältnismäßig hohe Summe von 33 Gulden und 50 Kreuzern für die Bekleidung von Krippenfiguren und die Beleuchtung des Hl. Grabes lässt vermuten, dass beides ab damals aufgestellt wurde.

Der Krippe auf dem Kreuzberg wurde wie anderswo in der Zeit der Aufklärung immer weniger Beachtung geschenkt. So erließ 1788 das bischöfliche Konsistorium Regensburg eine Verordnung, „dass in den Krippen nur mehr das Weihnachtsgeschehen in dezenter Weise zur Darstellung gebracht werden solle". Bei der Säkularisation wurde die Krippe vermutlich in einem Abstellraum deponiert und kam erst Jahre später wieder zum Vorschein.

Viele Verluste und sorgsame Restaurierungen

1881 wurde in der Kreuzbergkirche eine neue Krippe aufgebaut, die während der Jahre 1839-1855 vom Stadtpfarrer Franz X. Müller für die Friedhofskirche gekauft worden war. Ab 1895 bekam die Krippe nachweislich das ganze Jahr über mit Szenen aus dem Alten und Neuen Testament in der alten Sakristei ihren Platz. Seit 1890 waren Karmeliten in das Kloster eingezogen und lösten die Kapuziner ab. Durch den verheerenden Fliegerangriff auf Schwandorf am 17. April 1945 wurden zahlreiche Figuren der Krippe stark beschädigt. Bei den

Aufräumungs- und Renovierungsarbeiten ging vieles für immer verloren. 1977 wurde eine Generalrenovierung der Kreuzbergkirche beschlossen und dabei auch die Restaurierung der Krippe in Auftrag gegeben. Raimund Pöllmann, langjähriges Mitglied des Krippenvereins und aktiver Krippenbauer und -schnitzer, restaurierte die holzgeschnitzten Köpfe, Körper und Gliedmaßen, seine Frau Christine gestaltete wegen fehlender Originalbekleidung möglichst authentische und kulturgeschichtlich richtige Kostüme. Die Körper der ältesten Figuren zeigten ausgeprägte Wespentaillen und hölzerne Kugelgelenke, die Körper der jüngeren Figuren aus dem 19. Jahrhundert waren einfacher gearbeitet. Über die einstigen Schnitzer ist bis heute nichts bekannt.

Typische Kartonbauweise und perspektivische Gestaltung

Da alte Bauten nicht mehr existierten, wurden die Kulissen in der für Raimund Pöllmann typischen Kartonbauweise angefertigt, jedoch bewusst nicht im barocken, sondern im klassizistischen Stil. Die Bauten (u. a. Tempel, Stallruine, Festsaal, einfache Räume, Gebäudeteile und Felsen) wurden perspektivisch konzipiert, um eine möglichst große Tiefenwirkung zu erzielen. Die Bemalung erfolgte mit Licht und Schatten, wodurch ein starker Hell-Dunkel-Kontrast mit wenigen Lichtquellen erreicht wurde. Eine große, hellgrau bemalte Hartfaserplatte diente als „Krippenhimmel", vor den gemalte Landschaftssetzer gruppiert werden können.

◀ Musizierender Hirte mit Dudelsack   Jesus bei Maria und Martha ▼   Letztes Abendmahl ▶

Pfingstpredigt ▲

Mariä Himmelfahrt ▼

Neue Figuren von Raimund und Christine Pöllmann

Außer den bekannten Darstellungen des Weihnachtskreises sind inzwischen zahlreiche andere Krippenszenen aus dem Neuen Testament für diese Jahreskrippe möglich, so z. B. *Versuchung Jesu, Das Abendmahl, Pfingsten, Jesus bei Maria und Martha, Jesus bei Nikodemus*. Es entstanden aber auch völlig neue Darstellungen mit den dazu geschaffenen Figuren von Raimund und Christine Pöllmann: *Die Übergabe des Gnadenbildes* (im Original eine Kopie des Innsbrucker Mariahilfbildes), *Mariä Himmelfahrt* und *Die Übergabe des Skapuliers*. Damit stehen für die Jahreskrippe am Kreuzberg beinahe 100 ca. 30 cm große Krippenfiguren zur Verfügung. Einige Köpfe und Körper warten noch auf ihre Restaurierung.

Um das Innere von Räumen auszustatten, mussten u. a. Tische, Stühle, Bänke, Truhen angefertigt und Zinngeschirr, Tonkrüge, Zinnleuchter und vieles mehr angeschafft werden.

In der neuen Kirche am Kreuzberg war von Anfang an ein eigener Raum für die Krippe mit eingeplant. Dort befindet sie sich bis heute.

Raimund und Christine Pöllmann

Literaturhinweise:
Otho Merl: 300 Jahre Wallfahrt zu Unserer Lieben Frau vom Kreuzberg Schwandorf (1679-1979), In: Beiträge zur Geschichte des Bistums Regensburg, Bd. 13, 1979
Erika und Adolf J. Eichenseer (Hrsg.): Oberpfälzer Weihnacht, Ein Hausbuch vo Kathrein bis Drei Kine, Regensburg 1978
Das Marienmünster auf dem Kreuzberg in Schwandorf (Kirchenführer), Regensburg 2. Auflage 1981

Übergabe des Gnadenbilds ▼

Tanz um das Goldene Kalb (mit aktuellen Börsenkursen)

Selbstbewusst nennt sich Straubing, die Metropole des Gäubodens, auch die „Krippenstadt Niederbayerns". Nach großer Vergangenheit mit Römerkastell, Haupt- und Residenzstadt der Wittelsbacher und Sitz des selbständigen Herzogtums Straubing-Holland, ist das Zentrum besonders mit gotischen und barocken Bauten geschmückt. In diesem Umfeld wurden bereits im 17. Jahrhundert Krippen gestaltet, die Ausgangspunkte für eine reichhaltige Tradition bildeten. Heute kann man hier Krippen aus fünf Jahrhunderten besichtigen, darunter fünf Jahreskrippen. Zwei davon stehen in der Krippenstube der Karmeliten.

Straubing

Krippenstube Karmelitenkirche, Albrechtsgasse 24,
94315 Straubing

Die spätgotische Hallenkirche, früher auch für den Herzoghof und eine Marienwallfahrt genutzt, entstand unter den berühmten Meistern Hans Krumenauer und Hans von Burghausen in mehreren Bauphasen bis 1430. Das Innere enthält vor allem kunsthistorisch hochwertige Grabdenkmäler. Im Jahr 1700 wurde der Raum von Wolfgang Dientzenhofer und Giovanni Battista Carlone barockisiert mit einem prächtigen Hochaltar. Außen wurde ein Turm angefügt, neben dem links eine eigene Krippenstube eingerichtet wurde.

Zwei Jahreskrippen in eigener Krippenstube

Sie birgt zwei Jahreskrippen, deren Szenen acht- bis zwölfmal im Jahr geändert werden. Die rechte Vitrine führt mit ihren Bildern durch die wichtigsten Abschnitte des Kirchenjahres: Beginnend mit dem Weihnachtsfestkreis (Verkündigung an Maria, Anbetung der Hirten, Anbetung der Könige, Ruhe auf der Flucht, Haus Nazareth) können vor allem seltene Szenen gezeigt werden: aus dem Osterfestkreis das Letzte Abendmahl bzw. die Fußwaschung, Golgotha, Frauen am Grab, Der ungläubige Thomas. Das meist vernachlässigte dritte Hauptfest Pfingsten, Patrozinium der Karmelitenkirche, wird parallel zur Sprachenverwirrung (Turmbau zu Babel) ebenso dargestellt wie die seltene Bergpredigt, Szenen am See Genezareth und Die Salbung Jesu von Maria Magdalena. Noch viele „statische Bilder" wären möglich.

Geburt Christi (vor heutiger Grenzmauer) ▲

Hochzeit zu Kana ▼

Mechanische Krippe für Kinder

Auf der linken Stubenseite steht eine mechanische Krippe. Durch einen Geldeinwurf kann ein Kreislauf ausgelöst werden, der wichtige Ereignisse der Heilsgeschichte und der Lokalsphäre näher bringt, besonders für Kinder. Dargestellt werden beispielsweise: *Sankt Nikolaus fährt in einem prächtigen Schlitten durch die belebten Straßen, Mariae Heimsuchung, Das Christkind auf goldenem Schlitten beschert die Kinder, Die Heilige Familie flieht vor den eindringenden Soldaten, Einzug Jesu in Jerusalem, Der kreuztragende Jesus, Maiprozession mit der Nesselmuttergottes, Fronleichnamsprozession, Der göttliche Kinderfreund.*

Die Figuren (25 bis 28 cm, bekleidet) für beide Jahreskrippen stammen aus verschiedenen Beständen. Schon für 1666 ist ein Krippenopfer bezeugt. 1780 vermachte J. W. Zislsperger seine Krippe dem Kloster gegen vielfältige seelsorgerliche Leistungen des Konvents. Es sind noch Teile dieser Barockfiguren vorhanden wie Elefant, Ochs, wenige Köpfe und Körper, einige Begleitfiguren, vor allem aber herrliche Kopfbedeckungen.

Mit der Verlegung der Marianischen Männerkongregation in die Karmelitenkirche 1814 dürften Krippenfiguren aus der Jesuitenkirche (damals Magazin!) in das Karmelitenkloster gelangt sein. Von 1803 bis 1825 herrschte nämlich ein strenges Krippenverbot. Als 1830 die Kongregation wieder in die Jesuitenkirche zurückkehrte, übernahm Präses Johann Baptist Reisinger einen (kleineren?) Teil des Krippenfundus der Karmeliten, um am alten Ort die Krippentradition wieder zu pflegen.

Neue Figuren von Josef Hien

Ab 1933 belebte Pater Norbert Stahlhofen die Krippenszene neu und verwendete auch Figurenköpfe, die um 1880 aus Tirol (Gröden?) besorgt waren. Nach dem Zweiten Weltkrieg übernahm Sakristan Frater Konrad Hien die Krippe. Dessen Cousin, der berühmte Krippenschnitzer Josef Hien (vgl. Artikel Jahreskrippe Füssen) aus Ottobrunn, erneuerte den Bestand, fasste die Tiroler Köpfe frisch und ergänzte fehlende Gliedmaßen. Bis 1956 entstanden aus seiner Hand an die 80 eigene Figuren. Die perspektivischen Häuseransichten vom Straubinger Stadtplatz und die große Vorderfront der Klosterkirche sowie einige nazarenische Hintergründe stammen von ihm.

Jesus der Kinderfreund ▲

Berufung des Petrus ▼

Christus vor Pilatus ▲

Kreuzigung ▼

Nikolaus

Nach Frater Bonifatius Dittrich betreuen seit Herbst 2000 Franz und Elisabeth Karl mit großem Einfühlungsvermögen die beiden Jahreskrippen mit dem reichen Bestand von über 300 Figuren.

In der Weihnachtszeit sind außerdem in der Kirche abwechselnd sieben Szenen mit ein Meter großen Jesuitenfiguren zu sehen, die bis auf 1646 (!) zurückreichen. Barocke Überreste wurden vom Ehepaar sorgfältig renoviert, ergänzt und stilgerecht bekleidet. Noch eine von vielen Besonderheiten in der Krippenstadt Straubing!

Franz Karl und Guido Scharrer

Literaturhinweise:

Franz Karl: Krippen in der Jesuitenkirche Straubing, Straubing 2009
Franz Karl: Krippen im Kloster der Karmeliten zu Straubing, Straubing 2005
Guido Scharrer (Hrsg.): Straubinger Krippen, Straubing 2002

Verehrung der Nesselmadonna ▼

Weis-Engel

Der mittelfränkische Marktflecken vor den Toren Nürnbergs überrascht mit einem imposanten historischen Ortskern: einer spätgotischen Kirche mit Befestigung, Fachwerkbauten, einem Schönen Brunnen und üppigem Rathaus im Neorenaissance-Stil. Bereits 1524 bekannte man sich zur Reformation. Erst ab 1892 entwickelte sich durch Zuwanderung von Waldarbeitern aus der Oberpfalz wieder nennenswertes katholisches Leben in Wendelstein, das nach 1945 durch Heimatvertriebene weiter anwuchs. 1963 wurde die Katholische Pfarrkirche St. Nikolaus als großzügige Hallenarchitektur errichtet, in der sich eine kunstvolle Jahreskrippe präsentiert.

Wendelstein

Pfarrkirche St Nikolaus, Sperbersloher Str. 6,
90530 Wendelstein

Die Krippe befindet sich in einer etwas über vier Quadratmeter großen Nische an der Rückwand der Seitenkapelle. Die eigentliche Kirchenkrippe besteht aus etwa 80 im orientalischen Stil bekleideten Gliederfiguren und dazu passenden Tieren. Der Bestand wurde seit 1980 stetig erweitert. Diese Figuren sind ca. 26 cm groß, besitzen Holzglieder auf Drahtgestellen und stammen hauptsächlich von den Firmen Kreutz (Gröbenzell) und Eibl (Nittenau). Einige Figuren wurden von Norbert Tuffek handgeschnitzt, der die Krippe mit Martina Deimann seit 1985 betreut.

Beeindruckend nach barocker Art

Einen Gutteil der Szenen stellt Holzbildhauer Tuffek (1972 *) mittlerweile mit Figuren, die der Holzbildhauermeister für seinen Krippenzyklus im barocken Stil gefertigt hat. Mit dem Schnitzen der ersten Figuren und Kulissen begann er 1998. Die Figurengröße beträgt ca. 55 cm. Dass er sich dabei am Stil des Barock orientieren wollte, war sehr schnell klar, beeindruckten ihn doch schon seit Kindheit die großartigen Barockkrippen im süddeutschen Raum. Die Szenen bieten besonders viele Möglichkeiten und bestärken die Liebe zu Details und handwerklicher Perfektion. Zunächst sollten es eigentlich nur die Hl. Familie, einige Hirten und die Hl. Drei Könige werden. Doch dann kam eines zum anderen.

Fränkisches Paar und Händlerin ▲

Anbetung der Könige ▼

Zwölf Bilder zum Weihnachtszyklus

Auf diese Art entwickelte sich ein Krippenzyklus mit mittlerweile über 260 Figuren in zwölf Bildern: *Verkündigung an Maria, Maria bei Elisabeth, Maria durch ein' Dornwald ging, Herbergssuche, Heilige Nacht mit Anbetung der Engel, Anbetung der Hirten und Könige, Beschneidung Jesu, Darstellung im Tempel, Flucht nach Ägypten, Haus Nazareth, Der zwölfjährige Jesus im Tempel, Hochzeit zu Kana.*

Da die erste Hirtin eigentlich eher zufällig der verstorbenen Großmutter seiner Frau ähnelte, erinnerte sich Tuffek an die barocke Spielfreude, Portraitfiguren in Krippen zu verwenden. Fortan fertigte er die meisten Figuren des Volkes nach menschlichen Vorbildern. Darunter sind nicht nur seine Familie, sondern auch Freunde und Bekannte oder Mönche aus dem Kloster Scheyern. Diese Figuren bekleidete er zumeist in mittelfränkischer Tracht. Um die aufwändigen Barockkleider der heiligen Personen, der Könige und ihrem Gefolge stilgerecht anfertigen zu können, erlernte er sogar das Klöppeln von Goldspitzen.

Die Krippe ist von Anfang an über die Weihnachtszeit abwechselnd in verschiedenen Ausstellungen zu sehen, wie im Kloster Scheyern, dem Museum „Kirche in Franken" in Bad Windsheim oder im Stadtmuseum Ingolstadt. Seit 2014 kann der Zyklus in seinem Sommerquartier in Tuffeks Bildhauerwerkstatt in Wendelstein in leicht vereinfachter Aufstellung interessierten Besuchern gezeigt werden.

Weitere Szenen mit noch größeren Figuren

In St. Nikolaus werden mit diesen Figuren weitere Bilder dargestellt, zum Beispiel eine *Palmprozession, Jesus am Ölberg*, eine *Fronleichnamsprozession* oder zur Kirchweih *Zachäus*.

Als Tuffek einige Fragmente barocker Holzgliederfiguren für 75 cm Größe erhielt, restaurierte und ergänzte er diese. Auch sie werden mittlerweile in der Kirchenjahreskrippe eingesetzt, beispielsweise bei der *Berufung des Petrus* oder *Maria Magdalena am leeren Grab*. Die Jesusfigur mit dem Palmesel wird bei der Palmprozession mitgeführt.

Die Bauten und Kulissen zu allen Krippen wurden von dem Bildhauer aus unterschiedlichen Materialien hergestellt.

„Die Krippe ist ein Medium der Gegenreformation. Man wollte etwas gegen den bilderskeptischen Protestantismus setzen und den Leuten durch die Bil-

Beschneidung Christi ▶

Vertreibung aus dem Tempel ▲

Kreuzweg ▼

der das Evangelium zeigen", erklärte Tuffek einmal einem Journalisten. Die Wirkungsmacht der Krippenbilder gehe aber weit über den Propagandaeinsatz durch die Jesuiten hinaus. Die Szenen ergreifen den ganzen Menschen, meint Norbert Tuffek. Und fügte dann hinzu: „Mittlerweile sind wir auf protestantischer und katholischer Seite nicht mehr gegensätzlich. Das Medium funktioniert noch genauso."

Norbert Tuffek

Auszahlung des Judaslohns ▲

Predigt des heiligen Willibald ▼